立人天地

# 课堂教学

## 一位美国老师的心得

［美］黛比·西尔佛（Debbie Silver）◎著
陈雪奎　王玉枫◎译

黑龙江出版集团
黑龙江教育出版社

版权登记号：08-2015-006

图书在版编目（CIP）数据

课堂教学：一位美国老师的心得 /（美）西尔佛（Silver, D.）著；
陈雪奎，王玉枫译. -- 哈尔滨：黑龙江教育出版社，2015.10
ISBN 978-7-5316-8473-2

Ⅰ.①课… Ⅱ.①西… ②陈… ③王… Ⅲ.①课堂教学—教学研究
Ⅳ.①G424.21

中国版本图书馆CIP数据核字(2015)第266867号

DRUMMING TO THE BEAT OF DIFFERENT MARCHERS
Copyright © 2005, 2007, 2010 by Incentive Publications, Inc.
This volume may not be produced in whole or in part in any form without prior written permission from the publisher
Chinese Simplified translation © 2016 by Heilongjiang Educational Press Co.Ltd.
The simplified Chinese edition is published by arrangement with World Book, Inc. through Chengdu Rightol Media & Advertisement CO., LTD
ALL RIGHTS RESERVED
Printed in China

## 课堂教学：一位美国老师的心得
### KETANG JIAOXUE：YIWEI MEIGUOLAOSI DE XINDE

| | |
|---|---|
| 作　　者 | 〔美〕黛比·西尔佛（Debbie Silver）著 |
| 译　　者 | 陈雪奎　王玉枫　译 |
| 选题策划 | 王春晨 |
| 责任编辑 | 宋舒白　王春晨 |
| 装帧设计 | Amber Design　琥珀视觉 |
| 责任校对 | 徐秀梅 |

| | |
|---|---|
| 出版发行 | 黑龙江教育出版社（哈尔滨市南岗区花园街158号） |
| 印　　刷 | 北京鹏润伟业印刷有限公司 |
| 新浪微博 | http://weibo.com/longjiaoshe |
| 公众微信 | heilongjiangjiaoyu |
| 天 猫 店 | https://hljjycbsts.tmall.com |
| E－mail | heilongjiangjiaoyu@126.com |
| 电　　话 | 010－64187564 |

| | |
|---|---|
| 开　　本 | 700×1000　1/16 |
| 印　　张 | 15.5 |
| 字　　数 | 179千 |
| 版　　次 | 2016年1月第1版　2016年1月第1次印刷 |
| 书　　号 | ISBN 978-7-5316-8473-2 |
| 定　　价 | 30.00元 |

# 目录

序     1

**1 /** 第一部分
　　设定节奏

第一章　了解自己的节奏     3
第二章　制定课堂管理体系     13
第三章　家长参与     55

**71 /** 第二部分
　　区分指导

第四章　因材施教     73
第五章　学习方法，因人而异     97
第六章　学着齐步走——合作式学习     123

## 147 / 第三部分
## 按自己的节奏来

第七章　构建课堂团体　　　　　　　　　149
第八章　把爱传出去　　　　　　　　　　181

## 193 / 第四部分
## 附加材料

## 219 / 附录

黛比的个人说明　　　　　　　　　219
活动及问题讨论　　　　　　　　　221
致谢信　　　　　　　　　　　　　230
术语表　　　　　　　　　　　　　231
参考文献　　　　　　　　　　　　236

# 序

**倾听自己的节奏**

　　如果一个人的步伐与他的同伴不一致，那他可能是听到了不一样的节奏。就让他按自己听到的节奏前进，无论别人如何评价，无论节奏有多遥远。

——亨利·大卫·梭罗（Henry David Thoreau）

　　我是上学以后才意识到自己的与众不同的。我至今依然清楚地记得上学第一天的情景。我的老师，卡斯尔伯里女士，让我和班里的同学给纸上画好的苹果涂颜色。于是，我拿出最喜欢的两支画笔：一支是绿色，另一支是蓝色，然后努力把彩蜡涂到苹果形状的边框里。我不是那种天生心灵手巧的人，于是把颜色涂在了苹果边框的外面。

　　一开始我对自己的作品非常满意，然后老师就把我的画拿给所有同学看："孩子们，大家往这看。首先，苹果不是蓝色和绿色的。更重要的是，我说的是给苹果上色，你们看看黛比是怎么弄的……她都涂到苹果外面去了。"老师一脸失望，把我的作品揉成一团废纸，扔进了垃圾箱。我记得当时其他同学吓得倒吸了一口气，然后连忙按照老师期望的样子修改作品。

后来，我们很快明白了，接下来的一年做什么事情都不能超越规矩。那个学期长达9个月，大家都学会了安静、坐着不动，还要完全按照老师说的做。那一年真难熬。我一直没有跳出"懒学生团队"（她对差生众多无聊的称呼之一），而且总觉得自己哪里不对劲。

但有的学生能准确执行老师的一切指示。令我感到欣慰的是，我记得我曾经把睡裤改成了真正的衣服，还穿着去了学校。我知道自己听到的声音是十分遥远的，但并未学会线外思考，我感觉到羞愧又沮丧。我记得当时我坐在后排，心里想着"但我还是挺聪明的"。

好消息是，世上总归有好老师。我后来也遇到过一些。他们富有观察力、想象力，还有勇气突破以教师为中心的传统教学模式。他们能够观察孩子的内心，发现孩子的独特天赋，还会鼓励、激励、挑战孩子。这些老师不要求学生做到人人一模一样，而是鼓励学生使用自己的方法，按照自己的节奏，发挥各自的力量。他们能够辨别并发挥学生已有的天赋。

谨以此书献给所有的好教师，因为他们懂得因材施教。同时也把这本书献给所有愿意开始努力的人。

# 第一部分 设定节奏

第一章 了解自己的节奏

对于老师来讲，必须要弄明白自己是谁，确定自己的教育使命，然后，才能构建起能实现既定目标的课堂。本章为初为人师的同行们提供了一些精神思考。

第二章 制定课堂管理体系

如何处理好课堂管理问题一直是新老师所关心的关键问题，同样也是那些竭力寻找更好的方式来创造积极学习环境的老师所关心的问题。本章提供了课堂管理的不同观点，还深入解析了成功的老师的做法。

第三章 家长参与

当把家长也纳入到这个体系中时，依然与每个学生保持步调一致不只是有益的，更是辉煌的成功。本章为父母参与，融入课堂，而又不使其扰乱学校使命和权威提供指导意见，还包含一些活动，能够帮助家长处理与孩子之间的关系。

# 第一章
## 了解自己的节奏

假如没人在我的门上标上名牌，
我怎么知道自己是谁呢？

*Drumming to the Beat of Different Marchers*

课堂教学：一位美国老师的心得

## 老师

考虑到教师拥有的影响力，我能得出一个惊人的结论，那就是我是教室中的决策者。正是我个人的方法，塑造了整个课堂的氛围。正是我当天的心情，决定了整个课堂的喜乐。作为老师，我拥有强大的能力，能够决定学生的生活是悲惨异常，还是欢乐无比。

我可以是折磨人的工具，也可以是激发灵感的源泉。我能带来羞辱和幽默，能伤害，也能疗伤。

任何时候，就是我的回应决定着危机加重还是消弭；学生是受到人文的教育，还是失去自我。

——海姆·吉诺特（Haim Ginott）

对于不同的老师，成功的教学环境也千差万别，一种教学环境是不能放之四海而皆准的。班级里总是有各种各样的前行者，要想与这样的班级保持同步，首先就需要老师们能够熟知他们自己遥远的鼓声。老师要学会相信自己"内心的声音"，并且使用它们来指导自己做事，这一点十分重要，但是培植自我感知以及目的性还为时过早。

## 真正的好老师会自己站出来吗？

我上初中的时候（我们那时候还没有中学这一说法），我曾遇到一位老师，本不应该透漏她的名字的……【好吧，她是瓦戈纳（Waggoner）老师】。她可能是我遇到过的脾气最坏、最严格的老师了，她管理我们班就像是训练突击部队一样，所以我们都很怕她。

一天，我从一位老师那里收到便条，须要送到另一位老师那里去，当时那位老师正在教师休息室，我小心翼翼地走到门前，很清楚我正在闯入圣地。房间里笑声阵阵，所以老师们都没有听见我的敲门声。我推开门，被眼前的景象惊呆了：我看到瓦戈纳老师站在众人前面，正给所有人逗笑。她开怀大笑，笑容满面，看到她笑成这样，我差点都没有认出她来。而我就像看见了潘多拉魔盒一样，夺门而出。当我把看到瓦戈纳老师的事跟别人说了之后，没人相信我说的是真的。

为什么瓦戈纳老师从来都没向我们展现过她的笑容和幽默呢？难道是有人告诫她不要这样做？就像是我第一天上学的时候，有人告诉我的那样"圣诞节后你才能笑"，或者"你可以平易近人，但是无论多严厉都不过分！假如你上课的时候和蔼可亲，那些孩子会把你生吞活剥的"！有些老师认为他们必须要符合老师特定的形象，以此来把控和营造学习环境，这是大错特错的，事实远非如此。

## 做真正的自己！

**重**要的是，你必须对自己忠诚；正像有了白昼才有黑夜一样，对自己忠实，才不会对别人欺诈。

——莎士比亚（Shakespeare）

老师给予学生的最伟大的礼物就是他们自己。

我觉得执教这么多年来，我还没有"燃尽"的原因之一就是，我一开始就决定无论身在何处，是在教室里，在教师会议上，还是在家长会上，都要做自己，除非是精神分裂症患者，不然，要想维持两种人格实在是太难了。所以弄清楚你是谁，然后遵循自己内心的声音，剩下的只要逐渐做好自己就可以了。

在过去的一个世纪以来，研究者一直钻研高效教学的特点。但是考虑到老师的自我感觉以及课程知识等众多因素，都决定着老师是否能够成为一位高效的教育者（布罗菲，1989），单纯的研究并不能够告诉老师应该怎样去做。

## 高效教师的20条基本素质

- 一位高效的教师首先必须是一个善良、关心他人的人，能够倾听他人的想法
- 能够深入了解所教授的课程
- 有自信
- 相信自己能够有所作为
- 拥有高超的沟通技巧
- 有创造性，要有趣
- 思想开放，愿意尝试新东西
- 比较积极乐观
- 对世界充满好奇心
- 足智多谋
- 有幽默感
- 灵活
- 宽容且不爱批判
- 能够规划时间，有效使用工具

- 能够为学生所"用"
- 精力充沛并且意志坚定
- 专业性强，品格高尚正直
- 有耐心、有毅力
- 乐于为了学生而加倍努力
- 能够为所有学生代言

我经常会被一些偶然遇到的老师所吸引，他们聪明、智慧、迅捷而且有趣。但是我所认识的众多高效的老师中，有一些却静若处子，他们是深入分析的思想家，也是紧凑连贯的课堂管理者。我想说的是，一旦你拥有了所有好老师都应当具有的基本素质，剩下的就是弄清楚自己的优缺点，并且将自己的优点最大化，来帮助自己更好地与学生交流。

我认为如果你想跳舞，也应该和你的学生一起跳。如果你能唱歌，也应当为学生一展歌喉。不管你是喜欢写东西，做运动，搞收集还是养宠物，都应当把你的学生带进来。我经常让我的学生看我之前写的报告（这些报告都是我精心答复一些老师对我过多的言论以及不循常规的评价后留下的），学生们会对你很感兴趣，那就让他们去了解真正的你是怎样的，这样也有助于建立你们之间的信任和相互尊重。（对于分享多少一定要谨慎，假如你想用在当地音乐酒吧跳钢管舞来增强教学习惯，那么你最好还是不要分享了。）

## 建立课堂社区

关于需要将什么带到课堂之中，怎样安排一些东西，周围要增加什么，怎样设定规则和效果以及教师和学生的着装，课程计划的结构，评价技巧和所有与老师教课内容有关的东西都需要仔细考虑，才能作决定。

我花了10年的时间，尝试了各种技巧，才找到了我真正喜欢的方法，来吸引在小组中忙着学习的学生们。我曾经试过倒计时，频繁开关灯，小声说话等，所有这些方法，没有一个能够令我满意的。最后，我在玩具店里发现了一个绝妙的主意！

## 驯服狮子101

与平时的设想不同，老师第一天见到学生的时候，不需要紧皱双眉，手扬长鞭，坐得高高在上，以此来建立秩序和规则（即使其他老师都是这样做的）。而那种能够在门口接待学生，能给他们指引座位，让他们着手学习的老师，能够让学生得到更好的照顾。老师在做这些事的时候甚至都可以面带微笑。

我经常说我的教学哲学可以用两个词概括："用尽所有，尽其所能。"接下来，关于这个哲学的解读一定要小心：我说的绝不是什么权宜之计，也不是随意的决定或者什么短期的解决方法。

我曾经给之前代过课的大学学生看过一张漫画，画的是一个不同寻常的课堂场景，在背景处有一个大笼子，上面贴着标签，写着响尾蛇，笼子里就潜伏着一条巨大凶猛的蛇。老师严肃地看着学生们说：

## 课堂教学：一位美国老师的心得　　Drumming to the Beat of Different Marchers

"汤米（Tommy），我想你刚刚为自己赢得了到笼子里待10分钟的'殊荣'。"

我的学生看到之后都躁动起来，接着我就问他们："这样的纪律真的能够奏效吗？"当然，他们告诉我这不可行，不人道，也不合法等等，我再次问道："但是这能起作用吗？和响尾蛇独处10分钟能够吓得汤米遵守规定吗？"我的学生通常都会目瞪口呆，回答说可能确实会有效果。

然后我问他们他们所说的"有效"是什么意思，他们一般会说，"就是说汤米不会再调皮了。"确实是这样。如果让汤米不再有那些调皮行为是终极目标，那么确实能够奏效。然而，让汤米行为端正只是老师在作决定时需要考虑的众多事情中的一个结果。老师要尽快地弄清楚他所认为的教育目的是什么以及他希望与学生共同实现的长期目标是什么，这是至关重要的。

漫画里的老师可能会把汤米的不良行为扼杀在摇篮里，但是她有没有建立一个关心集体的班级呢？她有没有提高汤米的技能呢？她有帮助汤米为社区作出贡献了吗？没有！要想做到真正的成功，她就要使用更好的课堂管理方案。

老师在计划课堂管理策略的时候，一定要考虑最关键的因素，课堂管理不只是规定这样简单，而是与老师在课堂上所做的一切都息息相关的。老师应当不断地改进自己的课堂管理方式，直到方案切实可行为止，这一点十分重要。即使知道哪些不能去做也是好的。

就像上次我对调皮的学生开玩笑说，因为他的不良行为，需要

"到学校前面的高速路的黄线上去玩会儿"。谢天谢地,我在他出学校门的时候及时拦住了他!

所有老师都应当学会相信自己远方的鼓手,作为能够支配学生的人,应当确保其做出的每一个决定、每个行为都符合学生所需,与他们离开校园后应当成为怎样的人(或者是正在成为什么样的人)一致,这是作为一名老师的责任。

我必须承认,在管理课堂中,我可能已经犯下了所有的错误。在过去的几年中,我不断地变换着管理手段,尝试过情绪(我的情绪)波动,也曾积极地实行过李·坎特的严格纪律管理方法以及阿尔菲·科恩的绝对课堂民主计划,然而这些体系没有一个是完全适合我的。但是,我确实从中学到了一些东西,通过与其他教育者交流和阅读不同的管理策略,已经帮助我重新审视我在课堂中的一些言行,也给了我许多新的想法去尝试。

所有的老师都应该活到老,学到老;一定要有耐心,有时候找到一条适合自己的路一两年是不够的。有人说绝大多数老师需要三到五年才能够步入正轨。毕竟,教学工作是一种忠诚的艺术,也是一份良心工作。

# 第二章
## 制定课堂管理体系

假如他们把这些孩子弄出我的课堂，
我就能够完成工作了！

*Drumming to the Beat of Different Marchers*

课堂教学：一位美国老师的心得

## 德克（Dirk）父母的纪律

——黛比·西尔佛

我们想谈论一下规定和教导我们孩子的方式；
我们想谈一下你的管理和所用的策略。
我们不相信暴力，
所以请不要用教鞭。
不要向他抱怨，或者让他当众丢丑，
因为他的自尊会受到损伤。
不要剥夺他休息的时间，
因为他需要时间玩耍。
不要作业如山或者罚站，
因为我们觉得那是浪费时间。
我们不支持惩戒错误……
表现优异时也不要奖励，因为我们认为那会导致贪婪。
所以带走我家的德克吧，然后好好教育他，我们会鼎力支持。
哦，对了，最重要的是，
一定让他学会思考。

　　无论是那些想要利用灵活小组区分整个教室环境中的教学的人,还是使用个别约定来区分教学的人,某些策略在认可度上还是比其他策略更为有效的。一份课堂管理计划应该是再三思考之后的系统,建立在公认的行为理论上。我们应该熟练地掌握将顺利运行一个课堂的短期目标与让学生成为自我满意、一生成功的学习者的长期目标结合起来,这样的学习者将成为能为集体作出贡献的成员。

　　无论是刚刚步入教学岗位的年轻教师,还是经验丰富的老教师都将会在这本书中学到高效的课堂管理体系,这套体系是建立在10C课堂管理原则之上。

课堂教学：一位美国老师的心得　　*Drumming to the Beat of Different Marchers*

> **高效的课堂管理者应当是**
>
> 1. 有能力
> 2. 认知能力强
> 3. 善于沟通
> 4. 自信
> 5. 有建设性
> 6. 头脑冷静
> 7. 坚持公平
> 8. 关爱他人
> 9. 好思考
> 10. 勇敢

## 有能力

　　我曾经一度认为管理好课堂没有几条纪律是不可能的，现在，在参观完上百个课堂之后，我的这一观念已经改变了。我曾经到过几个非常成功的课堂，在这样的课堂中，既没有明确的纪律，也没有像下面这样的指导原则：（1）尊重师长（2）有责任心。我曾经见到过有些班主任，他们能够建立这样相互关心的集体，营造出积极的学习环境，用隐形的行为标准和现有的社会道德来取代明文规定的纪律。对我来说，这就是理想中的课堂。

　　然而，对于仍然在追寻成为真正大师道路上奔波的我们来说，对于那些仍然与调皮的学生作着艰苦斗争的人以及刚刚步入这条旅程的新人来讲，我还是觉得一开始，最好设立几条纪律。

　　关于高度结构化的严明纪律模式，理论家和教育者之间有一场论战，但是大家在有一点上观点基本一致，那就是高效的课堂纪律是有价值的管理工具。精心制定的纪律应当包含以下几点：

- 能够管理课堂行为，而不针对学习。
- 任何时候都适用于所有学生。
- 不能多于五条。
- 只针对最重大的行为。
- 目标明确，具有可观测性。
- 处理后果符合逻辑，始终如一。
- 通过正面肯定增强纪律权威。

在史蒂芬·柯维的著作《高效人群的七个习惯》中，他建议当人们在采取新的行动时，要"对结果已经了如指掌"。在处理与课堂管理计划有关的事务时，尤其如此。对于老师而言，有两个非常重要的启示：第一，当老师在制订计划的时候，要确保每条纪律、每个惩罚和奖励措施都与为学生设立的长期目标一致。第二，如果使用那种纪律严明的，而且以老师为中心的计划来管理混乱的课堂，从而帮助老师树立课堂权威的话，要在改变还不是很难的时候，尽快改变这种方式。

随着老师信心的增长，能力的提升，他们就能够着眼于建立课堂社区，能够给予学生更多自我管理的能力。毕竟，设立纪律的最终目的不就是要帮助他们学会自律吗？

获得真正权利的唯一方法就是放弃一些权利。

——佚名

经验不足的老师或者是刚到新学校的老师需要充分了解其学校，详读

| 课堂教学：一位美国老师的心得　　Drumming to the Beat of Different Marchers

学校指导手册，对重要的部分进行标注，并且确保能够方便翻看。作为员工，教师受这些规定的约束，弄明白这些文件中写明的以及未写明的含义非常重要。新老师也可以向经验丰富的老师或者管理人员寻求帮助，他们能够对课堂管理的一些想法提供反馈。这些老师和管理人员还能帮助新老师解决一些可能会忽略的政策上的问题和突发情况。

当采取一种独树一帜的独特方法来管理学生的时候，你要意识到别人可能不认为这种方法很独特。听到了不同的鼓声没有问题，把营造积极课堂氛围密切相关的问题理解透彻将能够帮助老师更好地维护自己的选择。我曾经遇到过一名行政人员，他对"把经典条件反射"作为管理手段的想法举双手赞成，他认为行为修正是管理班级的唯一方法。我逐渐意识到奖励认可行为有一点操纵意味，而且有些自私。因为我一直不断学习，所以能够引用一些支持我的专家观点。有时候也需要一点幽默，才能让你走得更顺利些；我认为最终能够说服他，并让我去尝试我自己的方法，是因为我写的放在他桌子上的一首诗：

### 伊万·巴甫洛夫（Ivan Pavlov）赞

黛比·佩斯（西尔佛）作

噢，伊万，每一天，
你都充斥在
我的课堂之中。
一阵小小的铃声，
学生们就逃向了餐厅。

我们不能否认条件反射

它就像书中一样经典，

学生们一嗅到餐厅的味道，

食物就激发起了他们的吞咽。

只要一提到"作业"，

就引起集体的哀怨。

班主任一出现，

心中就出现紧张感。

你认为他们会记住你，

因为你的著作就是这样呈现。

但是学生们学习的方法有所差异，

这一点你们都需要看见。

所以，伊万，我要向你道歉，

当他们回想过往，

对于你最深刻的记忆就是……

就是那几只留着口水的犬。

能力强的老师都非常熟悉他们所教授的科目，而且还知道如何与学生相处。有准备的老师会不断阅读教育方面的书籍，参加工作坊和继续培养自身能力，增加资源，以保持与时俱进。专家级的老师会不断丰富自己的知识库，追寻更高的能力。

## 认知能力强

拥有认知能力就意味着要能够有所洞察。老师经常会因为疏忽而给自己带来纪律上的问题，而这不比上级所造成的问题少。并不是老师不关注学生或者是老师故意激怒学生，而是因为老师总是意识不到自己在做什么（或没做什么）。要努力观察教室里正在发生的一切，要知道学生们在干什么以及他们喜欢干什么，这些知识能够成为老师最大的管理资产。对潜在问题有警觉性的老师能够在这些问题出现之前就解决掉。不管是称其为具有前瞻性，能够未雨绸缪，还是"随机应变"，或者是其他什么东西——但是一定要付诸行动！下面有四条策略能够帮助老师提高认知能力。

### 指派座位

即使是学生，在后期也要教给他们怎样能够高效地组成和退出灵活小组、学习中心和工作区。指定默认的座位安排会很有帮助，在这样的默认（基础）座位安排中，学生们不会自己去选座位。他们第一天到学校的时候，让他们坐在指定的座位上。制作叠起来的小通知单，去掉姓名，把座位安排公告放在每个学生都能看到的地方。一定要提前安排好，向学生们解释现在的座位安排只是暂时的。

在和学生熟悉之后，重新排列他们的座位。

> 我花费在绘制座位表上的时间不比我备课的时间少。

不断实验不同的座次安排，直到每个学生成功的机遇达到最大。把那些最喜欢相互说话的以及那些相处不融洽的，都给分得远远的。尤其是要在那些喜欢争辩的学生周围安排几个安静的、有自制力的学生。这种安排座位的方法十分有效，而且能够让老师有机会知道自己和学生的关系到哪一步了。

无论什么时候调换座位，都要和学生使用魔法词汇"暂时"，对他们这样说"这是你的新座位，但是暂时的。我们____周之后将重新调换座次……"或者"假如你对自己的新座次不满意，可以在日志中反馈给我，这只是暂时的，让我们先开始上课吧……"

每个老师都需要决定多长时间重新安排下座次。一个简单的经验就是：学生年龄越小，换座位的频率越高。读高中的学生就算是两学期不换座位也没事，初中和初高中之间的学生每四到六周换一下比较好。要让学生知道换座位是不带有任何的惩罚性的，只是移动下位置会对他们有好处罢了，这样他们就能和不同的人接触。有些老师从来不给学生换座位，因为他们觉得那样太麻烦了。实际上，他们错失了重新调整课堂实力结构、处理小麻烦、增强学生参与度的良机。

### 不要坐下，要动起来！

作为一名老师，了解学生之间发生了什么非常重要，确保每个学生都能够获取座次安排表。这能够让老师监管、教育、了解和肯定每个学生，要让学生保持教室过道整洁干净。每次都能够让学生轻松，毫无抵触地调换到教室的不同地方。同样，调换座位也要随机，这就能够让老师把经常上课打瞌睡的学生调到前面，问他一些有关上课内容的问题。

那些想要聊天的学生可能会相互对视，学生们也可能想要说话或者嬉戏打闹。老师应该在他们之间走动，有意地让他们参与到课堂中来。

| 课堂教学：一位美国老师的心得 | Drumming to the Beat of Different Marchers

老师最有前瞻性的措施是能够在学生们准备好之后把课堂气氛向前推移。老师通过站在学生旁边，小声地跟学生说一下，有很多小动作能够在未发生之前就被杜绝了。那些站着的、不断在课堂中走来走去的老师能够更好地把握课堂进度，能够知道课堂社区是否在顺利运行。

**注意他们的目光！**

眼睛是心灵的窗户！

这一条看起来是理所当然的，但是有些老师还是不能与学生直接进行目光交流。假如老师能够直视学生们的眼睛，他们能够对学生了解得更多。每当下一节课开始的时候，老师都站在门外，迎接每一名进入教室的学生，与他们进行眼神交流。假如某个学生看起来好像生气了或者抑郁了，就让他在走廊里等一会儿。其他进入教室的学生就会进行课前活动（也可以称之为"海绵活动"——因为他们会尽可能使用课前的时间——或者"预备"——因为它与一堂课结束和开始有关）。稍微花点时间问一下这个学生，弄清楚他是否还能继续上课。只要是在学生进入课堂之前，能够向他们表示一些关心和呵护，让他们冷静下来，就能够避免他们在教室上课时爆发出来。

与学生进行目光交流，能够让他们更好地融入课堂，进而促进课堂知识的吸收。注意观察学生在看什么，假如有什么违规的事情，学生们知道在哪，而注意直视学生目光的老师也就能知道问题出在哪里。

我知道你在想什么，但是我刚刚跟你说了这些违规事项——嚼口香糖、吃糖果、玩水枪、考试作弊等。

假如学生行为表现良好，可以通过直视他们的眼睛吸引他们的注意力。有时候不需要语言来纠正他们的行为，只需要通过眼神或者动动头或者动动手就能够做到。

### 眼神交流要注意的地方

在很多文化中，人们都教育孩子直视长辈的眼睛是不礼貌的。当与有不同文化传统的孩子们在一起的时候，一定要注意这样或者那样的文化异象。

### 要知道为什么学生会行为不端

老师必须要知道他们所教授学生的发展阶段，学生的有些行为只是与他们特殊的年龄群体有关，到了特定的年龄阶段，学生就会出现傻笑、生闷气、无聊、烦躁和其他稍微让人不安等典型行为。

假如你认为只有学生才会有这种特点，那就看看教职工大会上那些傻笑、生闷气、无聊或者烦躁的大人吧。

了解教授学生年龄群的发展阶段，有助于老师更有耐心地处理学生行为上的问题。

要知道最低劣的行为主要由四大原因引起，而绝大多数情况下，它们引发的问题都是能够预防的。凯瑟琳·沃森（Catherine Watson）（1995）曾说学生行为不端，一般是因为：

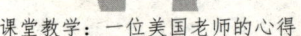

1. 获取权威
2. 赢得关注
3. 报复
4. 避免失败

老师管理的课堂越民主，学生自然就能够得到更多权利。而老师则需要鼓励积极的小组活动，有区分地给予指导，在学习上给予学生更多的选择，鼓励所有的学习者。这本书的第二部分为这种做法提供了背景和特殊策略。文化素养高的学生在精神上就会受到鼓舞，他们能够找到合适的途径，获得自己所需的注意，避免失败。第八章主要讨论了怎样积极促进学生精神上的富足。

这里提及沃森的第三个原因有一点复杂。假如学生行为不端是想要报复，那老师处境就艰难了。这种情况下，不是学生深陷困境了，就是课堂管理计划有问题。老师对待学生一定不能让正常的学生产生报复的感觉。老师扮演的角色应当是主角，而不应该是反派。

对于接受过正规教育的老师来讲，在对待那些需要看到老师做什么，才能够引发某种行为的学生时，很明显，除了付诸行动之外，还有一个更加深层的问题，这样就可能需要老师和学生与第三方一起讨论一下这个问题。（有些学生诊断患有情感行为障碍，教育这类学生的老师或者教授例外教育的老师更有可能遇到这样的问题，所以就应该接受特别培训，在这种问题发生的时候，能够进行处理。）

有些研究者将了解所有事情的进度称为实时监控，实时监控作为一种特质，已经与高效教学联系了起来（库宁，1977）。实时监控课堂进度的老师能够在违规事情变严重之前就解决掉——连锁反应。他们认为这些学生就应该为扰乱课堂、分散其他学生注意力负责。好的课堂管理者要机警，注意力集中，行动迅速。

## 善于沟通

对于课堂管理者来讲，能够与各种水平的学生沟通至关重要。想要获得课堂成功的老师会在第一天到校的时候，花时间去教授最基本的规矩，尤其是限制和一些礼貌行为等。他们意识到来上学的学生经验参差不齐，期望千差万别，甚至文化传统也不尽相同。很多时候，有的学生违反了某项纪律，并不是因为不服从管理，而是因为不了解老师希望他们怎么做。

在南方，人们教育孩子们称呼比他们年长的人为"女士"和"先生"。从全国其他地方转学到南方学校的孩子经常让人觉得粗鲁、目中无人，这是因为他们本来就不经常这样称呼别人。

沟通能力强的老师会详细讲明规程和惯例（有人称之为礼仪），以确保所有学生都能明白人们对他们的期望。在《纪律和尊严》（Discipline with Dignity）这本书中，作者科文（Curwin）和门德勒（Mendler）建议老师对行为期望作出测试。他们协调权限，使行为期望的分数很高，他们继续测试那些没有得一百分的学生，直到最后所有的学生都拿到满分。花时间测试学生对于期望行为的理解，不仅能够巩固基本的纪律，而且能够为学生提供书面文件，让他们能够看得见听得懂老师对他们的期望。

一定把这些文件放在手边，你教的学生中可能有人将来就会成为法官，这样就能够避免法律问题。

课堂教学：一位美国老师的心得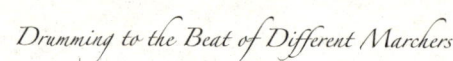

善于沟通的老师会谈及程序，表明程序，进而建立程序，对其执行，必要时还会进行调整。

尽管我在《伊凡·巴甫洛夫赞》的诗中是那样写的，但我总是教育我的学生，铃声就是我的信号，不是其他人的。

不要让学生觉得是铃声、最新公告或者是其他班级都下课了这种现象，让他们下课的。老师说下课了，才能够下课。在上课的第一天（或任意一天），如果发现某种特殊的行为不正确，就要敦促停止，然后改掉它。然后再次解释一下对于恰当行为的期望是什么，让学生不断练习，直到他们能够完全领悟。只有当学生将这种老师所期望的行为习惯内化了，事情才会提高。

> **典型课堂规定案例**
> - 吃饭、休息和放学要排队
> - 演习（防火、防风暴、防入侵者）
> - 收发作业材料
> - 削铅笔
> - 使用卫生间
> - 迟到
> - 午饭点名
> - 像启动电脑、摆放乐器和实验室操作等特别规定
> - 随时组成和移出灵活小组

当讨论这些课堂规定、习惯或者标准的时候，高效的课堂管理者会和学生特别提及制定这些规定的原因。他们会认真听取学生的关切点和意见，也会在上课的时候给学生表达自己观点的机会。

一定要注意，要让学生知道老师对他们的期望，这些成文的规定并不是唯一的方式。学生会观察老师的一言一行。老师可以通过和学生交流，明确期望，并且以身作则，从而从学生身上得到期望的行为。

有些老师仍然认为，要想让学生听话，他们就要不苟言笑，这真是大错特错，任何时候，老师都不应该咄咄逼人或者尖酸刻薄。想要让课堂秩序井然，可以通过温暖、友好和肯定的行为来与学生交流。对绝大多数老师来讲，最难的部分就是肯定学生。

肯定他人和咄咄逼人完全是两码事，咄咄逼人就意味着好斗、喜战、充满敌意。所有这种咄咄逼人的行为在课堂中（教职工以及学生）都是不合适的。肯定他人就意味着直率、明确、积极。当老师给予学生明确的期望，并且坚持不懈地证实他所言非虚，那学生肯定就会做出积极回应。

许多老师会哀叹："我已经很清楚地把规定贴出来了，每个人都能够看见，但是学生还是对这些规定视而不见！"光是把规定写下来是远远不够的，还要将信息传达出去。要让学生们知晓这些规定，要以身作则，推动规定的落实，还要不断地加强这些规定。

当我旁听一位新来的老师课的时候，她让我帮她搞清楚为什么她的学生总是不遵守她制定的规则。她跟我说她的班规跟我定的班规是一样的。我的学生会乖乖遵守，而她的学生却不遵守。我坐在教室的最后一排，观察着她跟学生的互动：

怀斯曼（Wiseman）老师（笑容满面地站在教室前，而学生们渐渐安静下来）：同学们好！今天我们要讲的是蚀的成因，这堂课一定会相当精彩。下面大家翻到课本的第64页。

基特（Kit）（老师讲的时候正跟同学聊得起劲，然后转过身来，大声地问怀斯曼老师）：第几页来着？

怀斯曼老师（耐心地）说：64页。

尼科尔（Nicole）（大声地跟隔着两排的同学喊道）：她说第几页啊？

怀斯曼老师（替她的同学回答）：我说了，第64页。（她走到尼科尔的桌子旁，帮她把书翻到了那一页）她环视四周，发现同学们还在翻找他们的材料。（她退回教室前面，把书举起来，让学生看）同学们，我就是让你们翻到这一页，（她停顿了一会儿）大家都找到了吧？

麦肯齐（Mackenzie）：我忘了带书了。

怀斯曼老师（有些沮丧）：好吧，那你跟安德烈（Andre）一起看吧。现在……（突然，麦肯齐快速把她的椅子移到了安德烈的桌边，发出很大的摩擦声，打断了老师的讲话。）

布莱恩（Brian）（跟另一位同学说）：不是那一页，你个笨蛋。我们跳过那一章了，你忘了吗？

怀斯曼老师（现在特别焦虑）：好了，停！已经找到64页的以及马上就翻到64页的同学举手。我会一直等到所有人都举起手来为止……

这句话终于起了作用。大致算来，怀斯曼老师一堂课的开场花了6分钟。

在随后的会上，我把课堂记录给了怀斯曼老师。我只记了一些次数、对话和课堂上的行为；没有任何评价性的语言。我让她看一下我的记录，看看是否会有所启发。读完之后，她睁大眼睛，惊讶地对我说："我告诉他们好多次让他们翻到第64页，是吗？"我让她继续，"我觉得如果我真想让他们去听我讲话，我应该只说一遍，但是我不重复的话，我们开始讲课了，有些学生也翻不到那一页。

我们作为局外人去看的时候，问题就很清晰明了。即便把规则讲得清清楚楚，但怀斯曼老师的言行和语调明显在向学生传达：她根本不指望他们能去遵守。很多时候，老师不能把自己对学生的期望表达清楚，他们低估了自己的权威。

老师必须把计划和学习目标告诉学生们。一般来说，只要立下规矩，就肯定会有学生打破规矩。假如怀斯曼老师的课堂管理规定，第一次违反纪律被记名一次（作为警告）；第二次违反纪律就再记一次名（两次记名=一页纸的作业），以此类推。

现在，我们假设怀斯曼老师已经清楚地向同学们讲了她的规定，并说明了原因。她解释过，她的目标就是要确保不允许任何学生妨碍别人学习。制定规则的初衷就是帮助学生对自己的学习负责，并不被别人影响。

在实行这个规则的时候，怀斯曼老师指出，如果一个学生偶尔向另一个学生求助，或悄悄地把位子挪到另一个同学旁边跟他一起看书，不算是违反纪律。

然而，如果一个学生在课上大声说话，或是做其他事影响课堂秩序，这显然违反了纪律。学生在不影响别人的情况下，用恰当的方法得到帮助。这种情形是这样的：

怀斯曼老师（笑容满面地站在教室前面，直到大家都面向她，集中注意）：大家好！今天我们要讲的是蚀的成因，这堂课一定会相当精彩。下面大家翻到课本的第64页。（她停顿一会儿，给学生时间去找到那一页。）

基特（大声说）：哪一页？

（怀斯曼老师看着基特。她让他看到她在笔记本上记上了他的名字。她没有理会基特，继续上课。基特意识到自己错了，快速看别的同学的书，看看是在哪一页。）

尼科尔（悄悄地对同学说）：她说翻到第几页来着？

（同学也悄悄地让她看了看，他们就都准备好了。怀斯曼老师继续讲课。麦肯基轻轻地把椅子挪到了一个同学旁边，跟他一起看书。怀斯曼老师问了同学们一个关于64页图片的问题；所有同学都跟上了课堂的节奏。）

这一次，怀斯曼老师课前开场只用了大约25秒的时间。如果怀斯曼老师的目标是让学生好好表现，而不是顺从她（希望是这样），她应该很喜欢刚才的这个情节。

## 与学生有效沟通的小窍门

- 所有同学都集中注意力的时候再开始上课。
- 你的声音跟肢体语言与你讲的话要保持一致。
- 用眼神交流或简单的手势语制止开小差的学生或捣乱的学生。
- 通过走近学生，小声地提醒他们遵守课堂纪律，保护学生的个人隐私。

> - 对学生要热情、友好，同时也要严厉。
> - 私底下跟捣乱的学生谈话。
> - 练习积极的倾听技巧。
> - 时不时地给学生写电子邮件、便条或书面信，告诉他们很高兴成为他们的老师。

## 自信

  总有这样一群老师，他们会因材施教，并且对自己的教学方式很满意。他们从不担心别人怎么想、怎么说。他们知道，他们想在班里做什么，就去做了。为了尽自己最大的努力去帮助学生，这些老师会去冒险，打破常规。有效教学方面的研究表明，高度自信的老师更有可能取得事业的成功。自信程度是一个人对自己成功完成具体任务能力的看法【班杜拉（Bandura），1989】。教育领域对于自信的新标语就是授权。不管称之为什么，老师的自信程度能有力地预示他们将来的成就。

  我要是告诉你们"尽管进去吧，自信点"！你要是找不到自信怎么办呢？记住，自信是成功的源泉，它会激发你积极地行动，然后有好的结果。这是一个循环，你需要做的就是保持自信。

  跳进这个循环的方法就是表现得自信，知道你感到自信。我不是让你假装自信，我是要告诉你，你的面部表情一定要自信，昂首挺胸、话语铿锵、步伐有力，要努力向你周围的人传达，你有自信处理好工作上的任何事情。就我个人而言，我会把女超人式的紧身衣裤跟披肩放在我的包里，以备不时之需。

在戏剧艺术课上，他们会教演员去模仿一些带有特殊情绪的动作。如果角色很吃惊，演员就会举起双手；难过的时候耷拉着嘴角。演员更有可能会感觉到那个情绪，因为动作会透露出人的情绪。

戴尔·卡耐基（Dale Carnegie）说过："表现得热情，你就会成为一个热情的人。"

你可以在穿着跟举止上表现得自信些，然后你就会感到自信了。

就算是小小的成功，也要庆祝一下，在学校找一个让你觉得你什么都能做的人！你能做任何事情，可能只是你还不知道而已！

老师可以通过提前到学校备课来让自己感觉更自信些。在学生到教室之前留出充足的时间去准备。当课上要讲的内容在课前已经准备充足的时候，老师就会很有自信。

我曾经指导过的一位老师为了讲一堂课写了整整一个本子。据我观察，她上课的时候根本没有用那个本子，但之后她说，她在写的过程中准备得很充分，这样她信心满满。

尝试做一些便条卡片，或者是列一个清单，做一些能够让你更加自信的事。

第一部分 设定节奏

老师们不应该拿自己跟别的老师比较。肯定会有经验丰富的老师，他们在某些方面更精通一些，但是总的说来，每一位老师都是最棒的。

做一下镜子测试。一天的课结束后，你对着镜子，诚实地说你今天尽力做到最好了，那么你就该为自己感到骄傲！打开窗户大喊："我是一名教师！"

自信的老师不会区别性地看待学生的成绩或者学生提出的意见。

我很喜欢的一位中学顾问常说："中学生来学校读书唯一的原因，就是看看学校都有些什么人，他们在做些什么，这也正是他们进了学校之后要做的事情！"孩子们在学校的所作所为跟你一点关系都没有！他们的经历跟你大相径庭，才不会捉弄你、故意伤害你的感情呢，你要是这么想的话就有点自以为是了。

保持自信意味着对自己有一个准确的定位，不会因为学生的恶作剧或是一些攻击性的行为而受到影响。老师必须摆正自己成年人的身份。他们是专业的老师，必须克服消极情绪。决不允许有尖酸刻薄、心胸狭窄的老师。

老师必须要学会如何跟学生友好相处的同时又自信独断。无论何时何地，老师都要平静而又坚决地对学生提出高标准、严要求，让学生遵守纪律。在处理违纪学生时，一定要保持冷静。一旦有学生违反纪律，老师要做到对事不对人。

路特（Routt）老师要求学生翻到课本的第64页。老师讲话的时候，基特正在交头接耳，她大声问道："你刚才说第几页来着？你说话含含糊糊的，我没听到。"

请看下面几个路特老师回答基特的示例：

充满敌意的回复：

路特老师（讽刺地说）："哦，基特，你又这么粗鲁地扰乱了课堂，这样让我很生气！为什么你就不能像其他同学那样听指挥呢？"

不太肯定的回复：

路特老师（哀求地说）："基特，我再重复一遍，但是如果你还是想说什么就说什么，我会给你记名的，知道了吧？"

坚定而自信的回复：

路特老师（平静而坚定地说）："基特，你打断我讲课了。"（她记下了基特的名字，继续上课。）

老师在处理矛盾与争执的时候一定要自信而坚定。下面有三个实例：

- 看着家长的眼睛，对他（她）说："我知道您反对我的惩罚方式，林德（Lindh）先生，我很感激您能告诉我。但请您理解，我是在经过大量的研究跟思考之后才选择的这个方法。到目前为止，这个方法的效果还不错，在发现更好的方法之前我还是会一直使用这套方法的。当然，我会继续考虑其他的选择。如果您对于您儿子的教育方法还有什么其他想法，我很高兴跟您一同探讨。"

- 一个学生向你打听另一个学生的情况，这样回复他："热拉尔多（Geraldo），关于这一点，我要尊重安德里亚（Andrea）的隐私，如果别的同学向我打听你的事情，我也同样会尊重你的隐私，不会告诉他的。"

- 如果学生大喊大叫，还乱摔东西，这样跟他说："你失去理智了，迪蒙（Dameon）。我会找人带你去冷静冷静，稍后我们再处理这个问题。"

## 有建设性

学校就是要建设，而不是拆卸。无论学科规划都包含些什么，积极的认可是它重要的特征之一。老师必须要立好规矩，注意违纪行为，尽可能地确保课堂秩序不被破坏。在处理违纪行为时，需要一套严肃而又牢靠的办法。不是所有的言行都要欢快活泼，但还是可以做很多积极主动的事情来让课堂顺利进行。比起一些否定的评论，老师更喜欢听肯定的评论，学生也是一样。

许多小学老师在还没开学之前就写欢迎信鼓励他们未来的学生。我还知道有一些中学老师会在新学期给他们班所有的学生寄欢迎归来的明信片。当孩子在校表现很好时，一些有影响力的老师会邀请家长来作报告，他们会尽力确保学生们定期受到表扬。

我最喜欢的鼓励学生的办法就是给他们写张纸条或者写封信。曾经有的学生对我的口头表扬不屑一顾，但还没有一个学生会排斥我写给他们的表扬信。对一些同学来说，我的信是他们头一回收到来自大人的肯定。如果有的学生在学习上帮助弱一点的同学，或是不参与打架斗殴，我都会感谢他们。还有的时候我会告诉他们，他们的努力跟进步我都看在眼里。我还会告诉他们，我看得到他们的潜力，能做他们的老师我有多么高兴。如果表扬信真诚而又明确，即便是再难接受的学生也会认真思考，领会到这封信的含义。

## 给学生写信的秘诀

- 写一些关于这个学生正面的优点，要写得具体些，因为有些学生会把自己的信跟别的同学的比较，看看老师写得是否一样。
- 确保在一学年里，每位学生都能收到至少一封信。
- 要诚实而真挚。如果老师在跟学生相处的时候很搞笑，那么学生也会觉得这个老师喜欢开玩笑。要注意，不要让学生觉得你写的信是在挖苦他（她）、讽刺他（她）。如果看不到你的面部表情，也听不到你说话的语调，学生很有可能觉得你在开他（她）的玩笑，因为你平时的确很幽默。
- 确保你的表扬没有什么附加条件。
- 给学生送信的时候不要大张旗鼓的，越保密越好。可以通过寄信的方式把信给学生。
- 别问学生是否看了你的信，就随它去，给学生一些自由。
- 别要求学生给你回复，也不必期待得到回复。

我要提醒一下，老师的表扬也不能太多了。我经过一番艰难终于了解到，太多的表扬就让表扬失去它本身的意义了。如果毫无缘由就表扬学生,对于学生们来说他就失去价值了。可以说我是一个积极乐观的人,平时话也比较多,我很喜欢表扬别人,向他们表达我对他们的赞赏。(我甚至会表扬我不认识的人。有一回,我在机场对安检人员说:"感谢您帮那位女士拎包。您的母亲一定会以您为傲的。")而在我的班上,不断的表扬很快就失去了价值。到年底的时候,我的学生就会跟我说:"哦,您跟每个人都这么说。""我不会询问西尔佛老师的意见,因为她什么都喜欢!"要把握好平衡不是件容易的事,但你会为了你,也为了学生不断地学着做到最好。

还有一点,如果把表扬跟老师赞同学生的做法等同起来的话,未免有些自私。"我真为你感到骄傲""你能按我说的做我很高兴""蒂芙尼·蕾妮(Tiffany Renee)安静地坐着,我很满意",诸如此类的话貌似在告诉孩子们,他们应该让老师高兴,让老师满意。只要改变一下表扬方式就会向学生传达积极的态度,并帮助学生学会得到大人们的认可,而不只是老师的认可。所以刚才的几句话可以改为:"你的努力付出有了回报,我想你一定很开心。""我敢说你们都发现了,当你们都听老师的指挥,作业就变得容易多了!""安静坐着的同学肯定想告诉家长你们今天听得多认真吧!"

### 外部奖励有帮助吗?

现如今,大家对于是否要用外部奖励激励学生好好表现展开了热烈的讨论。纯化论者认为,学生需要从学习中找到内在的价值,奖励他们无异于教他们为了奖励去努力学习,而不是单纯地从这个过程中获得乐趣。他们借用一个研究结果支持自己的观点:如果使用外部奖励一段时间的话,原来的内在奖励就不起作用了，之后奖励也就被移除了。

奖励可以有不同的形式。【一些研究人员更倾向于使用强化刺激物（reinforcers）而不是奖励（rewards），因为老师最终目的是为了激励学生优秀的表现，从而让学生再接再厉。】下面表格中列举了五种不同的奖励方式：

| | |
|---|---|
| **外部奖励** | 来自外部，比如老师的奖励。外部奖励包括，比如证书、奖杯、特殊许可、金星、贴纸、糖果、分数，甚至是钱。老师的口头表扬也被看作外部奖励。 |
| **· 任务奖励** | 仅仅是学生参加活动获得的奖励，没有评价标准（例如，凡是交上作业的学生奖励一张贴纸）。 |
| **· 成功奖励** | 由于表现良好或是取得成功或进步而给予的奖励（例如，至少写满作业纸的95%或是分数提高了10%的学生奖励一张贴纸）。 |
| **· 绩效奖励** | 只有学生达到了某个标准才给的奖励（例如，至少完成作业95%的学生奖励一张贴纸）。 |
| **本质奖励** | 与这些表现相关本质的或自然的结果本身就是奖励。没有特别的外部奖励。 |

有一派人认为奖励学生的老师不仅剥夺了学生选择的自然结果，还削弱了学生做出独立决策的能力，同时也剥夺了他们经历带来的固有喜悦。另一方面，老师有一个目的性强、透明度高的奖励体系。大多数研究人员一致认为，任务奖励是最没用的一种奖励方式，而且还有可能起反作用，而对于绩效奖励和成功奖励说法不一。

有一些双方都认为比较合理的观点。然而，有的观点我并不赞同。比如说，他们不让老师保持微笑，鼓励、表扬学生，我绝对会这样去做！我也绝对不会零容忍地强制学生在上课铃响之前就必须坐在座位上，具体情况还要具体考虑。

## 勇敢

　　我曾经在一所规模较大的中小学任教，周六晚上的一次特别活动中，我被安排到大厅监控全场。学校把一些场所封锁起来了，防止学生和参观人员进入无人监督的区域。在我来回巡逻的时候，我发现有四个学生进入了禁区。据我了解，他们其中的一个特别喜欢调皮捣蛋，这是人尽皆知的。我喊了一声，让他们停下，但是他们听到我的声音，一溜烟儿跑了。我赶紧追着他们，边追边大声喊着让他们停下来。他们却继续跑，把我气得火冒三丈。尽管穿着高跟鞋，我开始全力追赶他们。我很肯定他们绝对特喜欢我追着他们在整栋楼里跑，因为我听到他们一直在笑。

　　最后，他们跑出了大楼，跑进熙熙攘攘的人群中，我简直要气疯了！我冲进学校办公室，大声叫喊说："我们必须把那些学生揪出来，现在！"我的脸唰地红了，上气不接下气，完全失控了。

　　校长在跟一些家长交谈，见我如此愤怒，便停下了交谈，把我带到她的办公室，让我坐下。我一直在那大口地喘气，校长说："看来我们遇到问题了。"

　　"是的，"我喘着气说，"我们现在要把那几个孩子揪出来！"

　　"我现在倒是不担心孩子，西尔佛小姐，我担心的是你！"

　　"哦，我呼吸一恢复正常就好了。"我气鼓鼓地说。

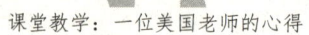

课堂教学：一位美国老师的心得 | Drumming to the Beat of Different Marchers

"你误会了，"她平静地说，"我担心的是你处理这件事情的方式。你满大厅地边跑边喊，然后来到我的办公室。你这样在家长面前表现得很不专业，而现在你似乎还准备要伤害我们的学生。"

我感到特别震惊，校长的话深深伤害了我，让我觉得特别丢脸。我气急败坏地说："他们本不应该去禁地，但是他们却去了！"

"这我知道。"

"我叫他们回来，他们根本不听！"

"嗯哼。"

"而当我去制止他们的时候，他们撒腿就跑！"

"那时候你是怎么做的呢？"

"我就去追他们啊。"

"为什么要追他们呢？"

"因为他们跑了啊！"

她将胳膊轻轻搭在我的肩膀上，说道："西尔佛小姐，所有学生你都认识吗？"

我点了点头。

"你觉得星期一我们回学校的时候他们是不是肯定回来？"

我沉默不语。

"你想想，如果你只是把那几个学生的名字记下来，把他们身后的门给锁上，你是不是会省很多力气，也不会像现在这么尴尬呢？"

她说的的确很对。我太过于想要快速、公正地解决问题（显然他们切断了我的这种办法），以至于失了分寸。

我曾多次回想起这段对话，尤其是我当时的回答：

"为什么要追他们呢？"

"因为他们跑了啊！"

有多少次老师只是针对学生的行为做出即时的反应，而不是有目的地采取对策？如果学生惹老师生气，那么这个学生就控制了整个局面。我们并不需要去感受来自学生的敌意。根本没有什么可生气的，更没必要对学生产生敌意或是感到愤怒。老师们必须提醒自己："我是成年人，我才是这里管事的人。"

随着年龄的增长，我越来越发现我在一些没有意义的对峙上浪费了太多时间。现在我把我的精力放在真正有价值的事情上面。当我遇到不听话、狂妄自大的学生的时候，我会问自己，"我在这的目标是什么？我怎样做才能最大限度地帮助这个学生处理好这样的情况？我的所作所为是否有助于把这个学生培养成好人？"

有时我认识到我过于纠结这种情况以至于不能清晰地思考。就像我的校长教我的那样，我知道不是所有事情都可以当即解决的。我会先把事情放一放，冷静下来思考清楚了再处理问题，而不能被学生牵着鼻子走。从那之后，我再也没有追着学生跑来跑去了。

史蒂芬·柯维（Stephen Covey）主张实现双赢的局面。任何时候当老师在其他学生面前跟一个学生对峙时，不会实现双赢，这是无一例外的。如果全班都看着老师跟某个学生进行激烈的权利斗争，每个人都会输。

比方说，杰里（Jerry）说了另一个学生的坏话。老师让他遵守班级规定，跟那位同学道歉。杰里气愤地说："这不是我的错。她先开始骂我的，我是不会道歉的！"

正确的处理方式应该是这样：靠近杰里，轻轻地跟他说："杰里，我请你出去，跟我到走廊里。"然后退后，给他留出空来让他出去。如果他拒绝，在那待着不动，保持冷静，然后跟另一名学生说："请你去办公室，告诉他们我需要他们帮我请杰里到走廊去。"然后先不用理杰里，冷静地继续上课。

在其他老师来帮助之前，杰里很有可能会走出教室，但即使他不出去，也一定要保持冷静！如果杰里出去了，停顿一会儿，给其他学生布置一些事情做，然后去走廊里跟杰里谈谈。轻声跟他说话，深呼吸，行动慢些，始终保持冷静。这样做可以防止怒气升级。行动往往都随着情绪的变化而变化！要始终专注于整个班集体的长远目标，对杰里尤其要如此。如果老师能做到这些，人人都是赢家。

当得知学生做出某种行为的原因不止一个的时候，也更容易保持平静。这通常涉及学生以往的经历，他的自我感觉，他的背景，他在班里与其他同学的关系，他与他的老师（们）的关系等因素，在寻找学生行为的原因时一定要认真。请记住：学生是很少会去理解他们的老师的。

在面对一个调皮捣蛋的学生之前，老师必须问自己几个问题：

- 我需要赢得这场"战斗"吗？
- 我是不是误解了现在的情况？
- 这个学生是始作俑者吗？
- 学生直接针对我的敌意是不是替代性攻击呢？
- 这个学生是否只是想得到我的关注（即便是消极方面的）？
- 这个学生是不是感到他（她）没有受到尊重，或者是觉得自己很丢脸？
- 有没有可能是这个学生真的误会了呢？
- 这个学生的行为是不是因为感到自己很无力，或是很绝望？
- 这个学生是不是在开玩笑？

- 这个学生的行为是否是这个年龄段典型的行为呢？

当老师冤枉了学生，或者反应过激的时候，要向学生道歉。老师承认自己有失公正或是认为自己跟学生都有错，这对于学生们来说是很棒的一堂示范课。在适当的情况下跟学生道歉的老师最终会赢得学生的尊重与信任。

如果老师跟学生都很烦躁，可以延迟谈话的时间，这样可以缓和一下气氛。老师可能会说："我们现在都在气头上，没办法解决这件事。我们先把这事放一放，双方都考虑一下，下课再讨论，好吗？"

如果学生蛮不讲理，冷静地跟他（她）说："你现在已经失控了。我再给你一次机会，控制一下你自己的情绪，不然我就要找其他老师来协助我了。"

我认识的一位从事特殊教育的老师告诉她的学生们："我们可以现在解决这件事，否则其他人就会介入。"她向我透露说这句话屡试不爽，因为她不知道其他人会是谁。很明显，学生们对于这个"其他人"有点不祥的预感。

如果是一群学生集体捣乱，这会令人感到特别烦恼。如果几个学生集体捣乱，可以采取以下方式：

- 找出他们当中最调皮的那个，安静地跟他交谈。
- 跟这个学生做"发自内心"活动（第七章）。
- 让学生们写下或者画出他们的感觉和他们的看法。
- 花点时间冷静冷静。
- 做一些极其愚蠢的事情，大笑一场。
- 邀请他人进入房间（学校行政管理人员、孩子的祖母、监护人、高年级的学生）。

第七章列举了几个可以用来增进班集体团结和信任的活动，学生们可以提前准备一些解决冲突的办法。一些学校特别训练一些学生在棘手的情况下做调解员。如果除了老师还有一些人沉着镇静，对于老师来说保持冷静就会容易得多。

## 坚持公平

"立场坚定"跟"公平"听起来可能是同一件事，但其实并不然。实际上，它们有可能是互相排斥的。例如，如果学校规定上课不准嚼口香糖，老师可能会坚持这项规定，把嚼口香糖的学生赶出教室。这个做法确实遵守了规定，但这样做真的合理吗？

有的老师可能会在权衡两个因素之后重新调整一下纪律规定：第一，每件事情的发生都有它特定的环境；第二，每个学生都是独一无二的。

采取这两种做法的老师哪个是正确的呢？老师应该强调立场坚定性还是公平合理性呢？这两种因素都要尽可能地考虑到。

保持坚定的立场可以在学生面前树立威信。如果校长女儿调皮捣蛋违反了班规，也会受到同样的惩罚。这样做可以让学生们知道，在规矩面前人人平等。即便在圣诞节放假前一天的最后一堂课最后十分钟也要执行规定，这会让学生明白，老师能够说到做到。

坚持同样的惩罚方式有助于老师们在下次学生犯类似的错误时参照这个方法作出决定，这样就不用每次去考虑如何处理问题了。老师确实应该有坚定的立场；然而，有的时候如果过于保持立场而不变通一下的话会显得太机械性,没有人情味。

我的建议是老师们应该适当地变通,保证事情的合理性。

把不等同的事情当作等同的事情去处理,这种做法是最不公正的。

在威廉姆·柏其(William Prukey)的《自我概念和学校成绩》(Self-Concept and School Achievement)一书中,谈到在赛车比赛中弃赛的一个人,他说道:"所有的努力都是为了确保在每个入口都有可能胜利。"柏其认为,所有的学校都应该遵循这一准则。

我认为,我们在学校能够做的最公平的事情就是确保所有的学生都感到他们都有获得成功的机会!
不然,他们为什么要努力呢?如果换作你,你还会努力吗?

一名专业的教师应该能够认识到学生们的理解水平有高有低,并且他们的自控能力和环境背景也各不相同。联邦公法第94条第142项规定,有特殊需求的学生不能因为他们的特殊性造成的后果而被惩罚(例如,你不能因为患有抽动秽语综合征的学生在课堂上骂人就惩罚他/她)。同样地,对于一些学生(无论正常与否)来说,特殊的情况就需要用特殊的方式去解决。

无论如何,要确保处理违纪学生的方式既符合逻辑,又符合情理。上

课堂教学：一位美国老师的心得　　*Drumming to the Beat of Different Marchers*

课嚼口香糖的学生要把口香糖上交，上课迟到的学生需要放学后留下补课。这样做的目的不是为了单纯地惩罚学生，而是要帮助他们真正从中学到点什么。

学生应填写一份行为日记或者个人行为的计划说明，并记录在案。本书后面有一份行为计划的样例，仅供参考。如果问题解决了，就让它过去吧。如果学生知错能改了，就应该给他们一次改过自新的机会。

如果班级规定对于班里25个学生中的24人都奏效的话，应不应该改变这个规定呢？答案是否定的。跟剩下那位同学单独谈话，给他（她）单独制定一个方案。对他（她）说："斯蒂芬妮（Stephanie），我知道咱们班级规定不适合你，所以我们来为你专门立个规矩吧。"

记住，老师掌管着整个班级。每个老师比任何人都要了解自己的学生适合什么。如果情况需要，大胆做出调整就可以了。

要做好其他同学提出质疑的准备。"这不公平！为什么她跟我们有不同的待遇？"你可以这样回答："我一直都尽力保持公平，但是这并不意味着我对你们采取同样的办法。"问问他们："如果我们去看医生，他会给我们开同样的药吗？为什么不会呢？"还可以问他们："所有人都可以把车停在蓝色区域吗？为什么不可以？"跟学生们一同探讨，集思广益，找出一些其他的例子，来证明公平并不意味着同等对待。

当老师因为平等待人在学生跟家长当中建立了良好的声誉，就很少会受到质疑，这需要一定的时间。要公平，还要有耐心，这样做迟早会树立良好的声誉。

多年来,我大多数学生的质疑让我受益良多。当他们质疑我的决策时,我会告诉他们:"我希望你们信任我,相信我这是为你们好。有些事情你们并不知道,我才是把控全局的人,我也一定会考虑到每个人的利益,做出合理的决定。我很乐意倾听你们的意见和建议,我会在最公平的方式的基础上做出决策,来解决问题。"我就是这么做的。(小心了,朱迪法官,我来了!)

关于个别行为的处理办法书后面能够找得到。给"其他人"留的空由这个学生的家长、朋友、跟他关系亲密的老师或是他比较尊重的人来签字。

| 课堂教学：一位美国老师的心得 | Drumming to the Beat of Different Marchers

## 关爱他人

我们的生活是由那些爱我们的人和不爱我们的人形成的。

——约翰·鲍威尔（John Powell）

老师花在学生身上的时间越多，就越了解学生，就越能把班级管理得越好。了解学生的喜好很重要。在给他们上课的前两天，让每位学生填写一个关于自己基本情况的表。可以用书后的那个表，也可以自己重新创建一个。

我会保存这些文件，时不时地拿出来看看，然后再根据这些文件制定课程，处理学生的一些问题。

有时老师不是因为不亲切不友善而做出错误决定，而是由于一些不准确的信息。老师们应该根据自己每天的所见所闻洞察周围的一切。开车经过学生家所在的区域，观察一下房子外部环境，停在周围的交通工具以及街坊四邻对学生家的看法。尽一切努力去了解学生的成长环境。了解一下，学生们平时都看什么电视，听什么音乐，与他们交谈。打听一下学生每天花在公交车上的时间，他们必须几点起床才能赶得上公交车，下午放学后他们几点才能到家？

了解这些事情有助于给孩子们布置适量的家庭作业，做出合理的评价，并提出适当的期望。既要了解学生存在的问题，又要清楚地知道他们哪些行为是可以接受的，权衡这两点很重要。学生不需要老师可怜他们，但他们确实需要老师理解他们。有他们生活的通知视图支持了教师的承诺，对他们的生活有一个很好的了解有利于老师对他们提出较高而又合理的期望。

 **关于肢体接触需要注意的问题**

人们通常会告诫老师，在这个充满偏执和随意诉讼的时代，不管出于什么原因都不要跟学生有肢体接触。我无法接受，也不会接受这一观点。有些孩子极其渴望适当的肢体接触。我认为，如果老师觉得拥抱、轻拍等动作能够表达对他们的肯定和认可，就应该这样做！当然，如果情况允许，也要谨慎些。

要注意社会规范和容易出现问题的情况。有疑虑的时候，找一些有威信的行政管理人员或同事交谈一下。要尊重学生的接受限度，有的学生根本不想有肢体接触（他们可能受过伤，对成年人有抵触心理），但学生愤怒的时候，除非有安全隐患，否则不要碰他（她），也不要去制止他（她）。包括肢体接触在内的所有事情都要符合班级的长远目标。在适当的时候与学生肢体接触能有力地体现老师对学生的关怀，最重要的是维护孩子的尊严。

## 好思考

深思熟虑意味着老师要花费时间精力去思考怎样提高他们的教学技巧和策略，专家教师不是一夜之间就成为专家的。他们尝试过新事物，犯过错误，有过成功和失败，对成果进行反思，取其精华去其糟粕，然后一次又一次地重复这个过程，这有点像掌握学习的过程。学习者做对一件事情，老师就以此为基础进行教学。对于老师来说，关键就是不断地思考他们在做什么，为什么要这么做。多读书、多学习、多思考，想想怎样才能融会贯通。

无论班主任是新来的还是颇有经验的，只要花大量时间去规划，准备并及时反思，一个班级一定会朝着好的方向发展。经过深思熟虑的老师会进行计划、准备和反思，所以不管遇到什么情况，他们都会提前考虑到他们的做法带来的后果。你可以使用下面这几条计划原则：

> **深思熟虑的教师会提前预想他们将如何**
>
> - 应对不同的情况
> - 获取更多正能量
> - 压制负能量
> - 为问题学生单独制定纪律要求
> - 调动所有学生学习
> - 因材施教
> - 凝聚班集体
> - 给自己一些弹性空间，这样他们就会做得更好。

这本书的第二部分讨论的是如何调动学生的积极性以及因材施教的问题。记住，他们是实施教学计划必不可少的部分。当把纪律跟好的教学方法和考核办法结合在一起的时候，会发挥最大的作用。当学生积极地融入学习当中，并在学习中有机会取得成功的时候，基本就不会再出现违反纪律的情况了。老师对他们的职务范围和学生的生活环境了解得越多，在使用很好的教学方法让学生避免违反纪律的时候就会越驾轻就熟。

现如今，教育工作者们不仅要关注认知问题，也要关注学习和工作室的情感素养。

婴儿潮时代出生的人常称此为"情感领域"，而一些反对者仍称之为"那个我需要确定我感觉的敏感的东西"。

成功的学生生活得有意义、有收获；他们不只是取得某个分数或等级。

班级管理的第八个C的意思是，老师们思考、计划、准备得越好，同时对自己所作所为越注意，他们的教学工作就会进展得越顺利，就是这样！好老师会花几个小时去准备教学，并慎重考虑。他们会从一些错误中吸取教训，继续提出想法，尝试新的东西，并不断地问自己："这样做有效果吗？"以及："这样做会让学生朝着我所期待的终极目标努力奋斗吗？"

学校不是孤立存在的。学校外部的力量决定了学校内部的状态。要熟悉那些外部的人群，做一些你力所能及的改变。要试着接受你无法改变的事情，尽量跟他们和谐相处。记住，有些学生可能需要老师给予更多的关怀。有必要的话，可以让他人一起参与进来，共同帮助学生。尽你所能，永远为学生敞开心扉。

## 勇敢

需要告诉新老师:"永远记住:你是这间教室的'老大'!"没有人可以对老师指手画脚。老师才是教室里发生任何事情的责任人,有权利规定在教室里哪些事情可以做,哪些不能做。

老师没有权利对学生说这样的话:"那样的话简直就是垃圾!你要是继续那样说话就直接给我下地狱去吧!"但是他们确实有权利这样说:"在这间教室不适合说那样的话,不要在这使用这样的语言。"

老师有义务要求别人尊重自己,并尊重所有的学生!老师也必须为学生,也为自己维持一个安全的环境,而且要不惜一切代价达到这些条件。

有时,老师可能会因为不能跟别人和谐相处或让其他人看起来很糟糕,而受到同事的批评指责。

家长们可能会说:

哦,苏格拉底(Socrates)先生可不是这么做的!

或者

看来你不知道我姐夫可是学校董事会的!

与这群人抗争需要勇气,但是如果是为了孩子好,就尽管去做!

永远不要忘了,学校永远把学生放在第一位!在任何情况下,老师必须维护自己的学生。现如今许多孩子都没有发言权,许多学生面临被虐待、被忽视的问题,这些问题导致他们产生恐惧、愤怒和疑惑的心理,他们在某种程度上处于危险中。老师必须维护好学生的利益。

# 推荐书目

伯克·凯：《如何跟不同的孩子打交道》，阿灵顿高地，伊利诺斯州：天窗专业发展有限公司拟，2000。（注：这本书的第三版由考文出版社2008年出版。）

坎特·李、马琳·坎特：《李·坎特的肯定原则：对于当今课堂的积极行为管理》，圣塔莫尼卡，加利福尼亚：李·坎特联合公司，1992。（注：这本书的第四版由解答树出版社于2010年出版。）

加菲尔德、杰克、霍华德·克莱夫·威尔斯：《课堂中促进知识的100种方法》第二版，波士顿：阿林和培根出版社，1994。

柯维·斯蒂芬·R.，《从高效到伟大的第八种习惯》，纽约：自由出版社，2004。

柯温·理查德·L.、艾伦·N.孟德尔：《有尊严的纪律》，亚历山大，弗吉尼亚州：监督和课程开发协会(ASCD)，1988。（注：这本书的第三版于2008年出版。）

格拉瑟·威廉：《课堂控制理论》，纽约：哈珀柯林斯出版社，1986。

格拉瑟·威廉：《高质量学校：没有压迫的学生管理》，第三版，纽约：伯伦聂尔出版社，1998。

科恩·阿尔菲：《超越纪律：从顺从联盟》，亚历山大，弗吉尼亚州：监督和课程开发协会(ASCD)，1996。（注：这本书的第二版于2006年出版。）

科恩·阿尔菲：《奖励的处罚：金星们的麻烦、激励计划、优等生、赞美和其他贿赂》，波士顿：米夫林出版公司，1999。

沃摩利·瑞克：《第一天和超越：新中级教师的实际问题》，韦斯特威力，俄亥俄州：全国中学协会，2003。

# 第三章
## 家长参与

要是没有家长的参与,
我们不可能把所有的孩子都放在第一位!

*Drumming to the Beat of Different Marchers*

课堂教学：一位美国老师的心得

## 玫瑰

——提摩西·葛维（W.Timothy Gallwey）

把玫瑰花种子种在土里时，我们固然知道它很小，但我们不会因此而怪它"无根无茎"。我们像对待种子那样，给它浇水施肥。

当它第一次破土而出的时候，我们不会责怪它不成熟，也不会批评含苞待放的萌芽迟迟不盛开。我们好奇地观察着它的成长，在它发育的每一阶段都悉心呵护着它。

从一颗种子，直到死亡，玫瑰始终都是玫瑰。它的体内一直蕴含着全部的潜能。它似乎一直在改变着，而它的每个状态，每一瞬间，都是如此完美。

  曾经有一段时间，在美国教育中，学校可以从家长们那里获得全力的支持，大多数学生都来自双亲家庭，这样的家庭认为学校是神圣而不可侵犯的。然而，现如今的监护人，可能是单亲爸妈，继父继母；也可能是祖母外祖母，或其他重要的亲人；也有可能是从国外移民来的富豪，中产阶级，抑或是穷人。

  当我第一次得知我的一些学生的监护人就是他们自己时，我惊讶不已！

  作为术语，"监护人"能广泛用来指代孩子生命中那些重要的成年人。本章节中，这个术语指的是孩子的主要看护人，或者说是在孩子的健康、教育和发展中负主要责任的人。

  学生监护人参与学生教育的重要性问题可以追溯到教师在教学中必须使用的指导原则。保证学生既能实现短期目标又能实现长期目标的最好的办法是什么呢？就一切情况而论，如果教育工作者能够得到学生监护人的支持，他们会更好地满足学生的需求。因此，老师们必须不遗余力地使学生监护人积极参与到孩子的教育工作中。

## 研究结果支持家长的参与

在家长/家人参与国家标准项目中，家长教师协会（1997）引用了一些研究，这些研究清楚地表明：

1. 无论社会经济地位、种族背景如何，也无论家长的教育水平高低，当家长参与到孩子们的教育中时，孩子们会收获更多。

2. 家长参与得越多，孩子们取得的成绩就越高。

3. 家长的参与使学生表现出更积极的态度和行为。

4. 在多元文化背景下，如果家长和专业人士共同努力缩小他们自身文化与学校文化的差距，孩子往往会表现得更出色。

5. 对于中学生来说，如果家长关心他们的教育，他们会做出更好的过渡，维持他们的工作质量，为将来制订切合实际的计划。但是如果家长对孩子的教育漠不关心，孩子们往往会中学毕业后辍学。

6. 能够对学生在校成绩做出最准确预言的不是收入，也不是社会地位，而是学生家人的参与程度：

a）创造一个鼓励学习的家庭环境。

b）与孩子多沟通，对孩子的成绩和未来的职业发展做出合理的期望。

c）参与到学校和社区对孩子的教育当中。

即便有压倒性的研究结果已经表明，孩子在学校的成功与家庭因素息息相关，许多教师还是不愿意联系学生家长。有的时候他们被流传的"好老师的神话"所阻碍，认为真正有才能的老师不需要他人的帮助也能教出好学生，还有的老师认为做好本职工作就行，不需要别人的帮助也能使课堂顺利进行。

这种观念既荒谬又有害。教师们有权利获得家长的支持，他们也有义务去寻求和期望家长的帮助。无论老师多么有才华，他们都无法给孩子提供持续一对一的呵护，只有家长才能做得到。

家长的支持是学生学习的强大动力。家长缺乏参与的话就会给孩子传达这样的信息——他（她）的努力是不值得的。如果家长能够参与到孩子的教育中，就可以给孩子提供针对性的锻炼，帮助他们获得某些技能，并鼓励他们追求成功的人生。切记家长是孩子一生中最重要、最有影响力的人，没有家长的话老师也无法有效地完成教学工作。

家长能够给孩子的最好的财产就是每天几分钟的陪伴。

——佚名

教师可以使用一些有效的方法让他们的学生家长参与到学生的教育中来。有几个关键词要记住，那就是沟通交流、解决问题以及争取家长的支持。

课堂教学：一位美国老师的心得　　Drumming to the Beat of Different Marchers

## 与家长沟通交流

早点儿开始跟家长沟通。在开学之前，或者开学第一天就跟家长取得联系。老师应该给家长写封信，作一下自我介绍，让学生家长知道老师想跟他们共同努力，帮助他们的孩子在这一学年做到最好。

给家长一个班级计划和期望的概述，他们会从中认识到规划和专业知识。如果家长的语言水平有限，给他们提供一个解说。让他们明白他们对于学生取得最终成功的重要性。始终要尊重学生的家人，同时也要尊重他们在帮助学生成为有责任感的成年人过程中所起的至关重要的作用。

对家长要友好，体现出自己的专业水准，确保所有书面信件的语法和标点符号都正确！

我敢说你如果犯了一点错误，一定会有人把你的书写错误用红色标记出来，用邮件发给你！

使用非正式的字体或剪贴画，这样会使这封信显得更加随意，从而表示友好。把你的联系方式给家长，并请他们跟你保持联系。

迈出第一步，先跟家长联系。不要等家长主动来联系你。如果老师真的关心学生，他们就必须要跟父母保持联系。让第一次跟家长的联系为这一学年奠定一个积极的基调。随着学期的展开，要跟父母一直保持联系。

下面是教师与家长沟通交流的十大途径：

## 与家长保持联系的十大途径

- 电话
- 电子邮件
- 语音邮件
- 传真
- 网站（学校或班级）
- 面对面接触
- 通讯信件
- 校历
- 新闻简报/社区公告栏
- 纸条和卡片（如果上述都不可行，就给家长寄挂号信。）

## 解决问题并争取家长的支持

 说 "易如反掌"这样的话的人从来就未曾尝试过。
——佚名

教师每次与家长交流的最终目标都是要帮助学生。对父母有成见的教师根本帮助不了他的学生。在跟学生家长打交道时，我最好的建议是，你想别人如何对待你，你就如何对待家长。这听起来确实很简单，但是如果家长不配合你的话就很难办了。一旦你与家长之间发生了不愉快，学生就会像没人管的孩子似的。永远不要低估家长的力量！

跟家长打交道能看出一个老师最棒的人际沟通技巧，甚至连专家任课教师都通常会回避家长。老师们可以在同事之间练习一下角色扮演，这样可能会有所帮助。可以咨询一下管理人员，看看教师会议能不能帮助老师们练习一下他们开家长会的技能。经验丰富的老师会给新老师提供一些很有帮助的建议和策略，让他们在与家长沟通的过程中表现得游刃有余。

**与家长解决问题时的几个建议**

让家长时刻了解他们孩子的在校表现情况。如果学生成绩急剧下滑，或者表现变得越来越糟糕，要立即让家长知道。家长可不喜欢突如其来的消息！家长们经常重复性问的一个问题就是"为什么不早点告诉我？"那么为什么呢？对于这个问题，如果不告知家长学生潜在的问题，老师根本无力辩驳。家长们往往是有机会避免更严重的问题产生的。

- 务必要跟家长反映课堂进展情况。家长们想要了解班级的学科计划是否有变动，是否有了新的测验方法，或者有没有计划一项实地考察。要将这些情况告诉家长，不要对他们保密。让他们明白他们孩子的老师很称职，并且很有能力。可以向他们解释一下学校政策和相关程序，但是不必向他们道歉。

- 不要试图在跟学生家长或监护人偶然相遇的时候解决问题。杂货店结账的队列，学校足球比赛场地，或者是教堂的停车场等场所都不适合召开专业、正式的家长会。让家长在预定的时间来学校，跟家长谈话时要专注，准备好你的成绩册跟学生作业。

- 跟家长达成共识。老师和家长都要以孩子的利益为重。即使老师和家长在某些事情上无法达成一致，也要为了学生的利益尽量找到共同点。

- 期待家长的全力支持。在解决问题的过程中跟家长平等地交谈。如果他们去学校谈话，跟他们面对面坐在成人椅上交谈。不必因为觉得打扰到他们工作而向他们道歉。为孩子利益着想的时候，就算打扰到他们，也不需要向他们道歉。

- 帮助家长找出孩子身上的具体问题。如果可能，给他们看一些文件材料。他们提供信息或者提问的时候做一下笔记。把你们商定好的实施计划写下来，给他们复印一份。

- 给家长一些非常具体、明确的办法去帮助孩子。他们所能做的很简单，却很重要，比如关闭电视（以及CD播放器、电脑游戏和手机），营造一个安静的学习环境，确保孩子有独立的学习空间，并让他们看看完成的作业。

- 尽量早点跟家长说："但我确定我告诉你的都是你已经知道的。"

- 我一边点头一边说："我想孩子在家的表现跟在校表现是一致的，对吗？"在他们搞明白之前，他们不断点头、承认这个问题很普遍，不只出现在我的班级。

- 要询问并倾听家长们的建议，看他们想如何处理他们孩子的事情。问一些"您怎么处理这件事"？"要怎么做才能让您满意"之类的问题可以帮助家长思考解决问题的办法，而不是辩解孩子的不当行为。

- 要善解人意，富有同情心，但要围绕主题，不能让家长跑题，谈一些无关紧要的事情，要避免指责家长。

- 为了检查学生的进步程度，提供一个后续计划。在家长会结束之前回顾一下开会的要点，并定好下次跟家长见面的时间。

- 注意提防家长们常见的借口跟伎俩：

——"哦，我们约翰逊这一大家子人从来就没一个擅长数学的。"能说出这样的话，要么是为了应付孩子的不足而找借口，要么就是为没有早点解决这个问题而愧疚。接受他们的解释，不要带有偏见，但是要继续催促他们解决问题。

——"我说什么她都不听。我让她关了电视去学习，她根本不当回事。"支持父母对孩子的责任和不可推卸的义务。主动向他们提供一些外界资源，如学校辅导员、地区心理学家或是经验丰富的行政管理人员。给家长一些积极的建议，并坚守你的立场！

- 有时老师可能会遇到把管教孩子这件事全权委托给老师的家长。不要把这当成家长对教学工作的支持，要认识到这是家长在推卸帮助孩子杜绝不当行为的责任。他们在要求老师取代他们去给孩子讲规矩，并负责跟进孩子的表现情况，而自己却不去处理这些让他们不愉快的任务。
- 要明白有些问题对于家长来说太棘手了。要让他们相信再严重的问题都能找到解决办法，建议其他专家都来帮助解决问题。
- 要记住，法律规定教育工作者必须上报虐待儿童的事件，一定要上报。这不仅是道德问题，也是法律问题。如果老师怀疑（但不确定）学生遭到虐待，要及时咨询辅导员或者行政管理人员，仔细记录所有可疑的事件。
- 最后一点，当跟家长沟通的时候，不要使用专业术语，一定要尽量保持你的幽默感！

## 家长的参与太多了？

家长对孩子教育的支持不再只是烤烤饼干或是陪孩子参加班级聚会这么简单了。一些家长要求参与更多的决策——课程制定和安排，学校政策以及教育社区的方方面面。有时，在支持跟干涉学校工作之间有细微的界限。

通常情况下，如果父母不支持或很少支持学校工作，会举行相关的研讨会。然而，有的时候老师跟学校行政人员会遇到相反的问题。他们感到家长们过多地参与到了教育工作中，并且表现得很强势。有些情况下，家长似乎觉得自己很专业，有时还会跟老师产生争执。

我听一些教育工作者说他们宁愿家长完全不参与孩子的教育，也不想他们"过度投入"其中。我不同意这一点。我认为转移家长过多的注意力要比引起他们的注意简单一些，至少这些过度关注孩子教育的家长是关心他们孩子利益的。

如果家长要篡夺老师的权力或者过度干涉班级工作，下面这些策略会有一些帮助。

课堂教学：一位美国老师的心得 | *Drumming to the Beat of Different Marchers*

## 跟干涉过多的家长打交道

1. 要积极主动。当老师方便的时候，邀请家长参与孩子教育。
2. 请家长自愿参加他们的孩子不会参加的一些班级活动。
3. 通过让弱势群体加入委员会，主持项目，并跟他们一起做志愿活动来削弱他们的权利。
4. 引导他们关注所有学生的利益，并发自肺腑地赞美他们的努力。（很多情况下这些家长只是渴望得到关注，或是想得到机会做一些有意义的事。）
5. 清楚地告知他们，他们的权力是有限的。让他们明白，老师会负好责任，并且有最终否决他们的权利。
6. 不要跟家长透露与其他学生、老师或是行政管理人员有关的信息。不能让学校外来人员取得任何机密信息。传播小道消息这一行为（特别没有职业操守）是一大忌！
7. 要保持自我，不要被家长带跑偏了。
8. 请他们帮着一起让其他学生家长也参与到孩子的教育中去。
9. 让他们知道，想让自己的孩子尽力表现最好的一面的想法很正常，但是要求孩子成为最好的对孩子来说既不公平也不现实。
10. 始终保持幽默感。（孩子们早晚会取得进步，他们的家长也会越来越配合你的工作。）

第一部分 设定节奏

## 向家长传授一些育儿技巧

我们的一些同行悲叹道:"教家长如何成为合格的家长又不是我的分内之事!我只管教他们的孩子!"我发现老师身上的担子确实太重了。然而,我经常问我的同事,也问我自己:"如果我们不做,谁还会去做呢?"

有的时候,家长仅仅需要别人的倾听,或者让他们知道孩子现在的行为很正常,过了这个发展阶段就好了,这样他们才会安心。有时老师能够指出他们孩子身上的某些优点,而这些优点他们之前从未注意到【大部分跟加德纳(Gardener)的八级智力水平有关联】。专业的资源可以帮老师解决常见的问题。其中一个资源就是全国小学校长协会(NAESP)为家长出版的信息册,会定期对这个册子进行补充(用英文和西班牙文写的),把这个册子称为"给家长的报告"。学校会将这份报告跟新闻通讯一同反馈给家长。全国小学校长协会完全同意把这份报告复印了传给家长。最近的一些话题,如欺凌儿童、儿童安全问题、儿童与毒品、反对暴力、看电视以及其他一些即时的话题都以一种简单恰当的方式被报道出来,这些补充为老师跟家长的交流开了一个好头。

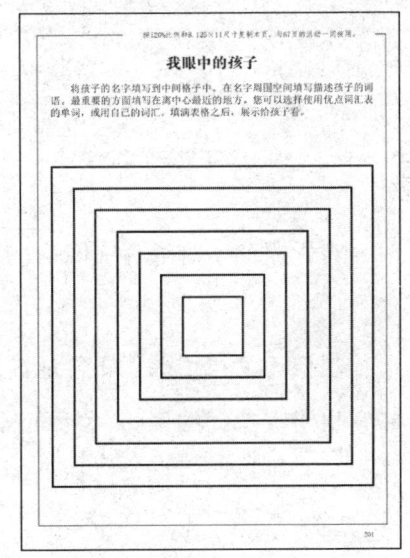

我遇到过一些超出我专业和培训范围的家庭问题。在这些案例

中，我很快就向家长引荐了更有资格的专业人士。然而，我发现很多家长都一直在问我他们怎样才能做得更好。

对于那些对孩子表现总是不满意的、态度消极的家长，要让他们多关注孩子的优点和长处。复印一些空白表格和一张优势的列表给家长。在家长填表的时候，提醒他们多多关注孩子积极的一面。对于那些消极的家长来说，结果对他们会很有启发。

对于跟孩子沟通存在障碍的家长，把那张"与孩子沟通的有益忠告"给他们。

想要让家长跟孩子正常地沟通交流，要进行下面的兴趣测评。让家长和学生进入不同的房间，或同一房间不同的区域。把这些表格复印出来，让家长和学生同时填写。他们填完之后，要一起对测评进行打分，然后根据结果来探讨一些有意义的事情。

教育孩子不存在真空教育。课堂上所发生的事情会折射出社会上发生的事情，要想把二者分开是一件很荒唐的事。对于教育工作者来说，要让孩子实现短期和长期的教育教学目标，跟家长和其他社会成员一起携起手来是最好的办法。

## 向教育工作者推荐的阅读书目

贝克维斯·哈利：《销售无形：现代营销指南》，纽约：华纳图书公司，1997年版。

坎特·李、帕特里夏·R. 萨尔卡：《父母在你身边》，圣塔·莫尼卡，加利福尼亚：李·坎特联合公司，1991。(注：这本书的第二版于2001年出版。)

麦克尤恩、伊莱恩·K.：《如何应对生气、害怕、陷入困境或简直疯狂的家长》第二版，千橡市，加利福尼亚：科文出版社，2005。

西尔佛·黛比：《跌倒七次，爬起来八次：教孩子成功》，千橡市，加利福尼亚：科文出版社，2012。

斯特普，劳拉·塞申斯：《我们最后的好机会：指导孩子度过青春早期》，纽约：河源出版社，2000。

惠特克、托德·C.、道格拉斯·J. 菲奥雷：《应对执拗的家长(以及处于困境中的家长)》，拉奇芒德，纽约州：《眼观教育》，2001。

## 向家长推荐的阅读书目

波奇米耶·杰克和凯利·帕蒂:《学生主导会议的内容、原因和方法》,韦斯特威力,俄亥俄州:全国中学协会,2005。

库珀,尼克、里克·麦考伊:《当孩子不再是一个孩子,父母如何继续为人父母》,坎顿,密歇根:柳树溪出版,1999。

柯文·肖恩:《高效青少年的七个习惯》,纽约:西蒙&舒斯特出版公司,1998。

哈洛威尔、爱德华·M.、约翰·j. 瑞迪:《被迫分心:从童年到成年注意力缺陷障碍的辨别和应对》,纽约:塔奇斯通出版社,1995。(注:2011年铁锚出版社出版了这本书的修订和更新版。)

萨尔特·J. S.:《永远吻我说晚安:147个孩子打造完美父母教程》,纽约:三江出版社,1997。

夏皮罗、劳伦斯·E.:《如何培育情商高的孩子:父母的情商指南》,纽约:哈珀·柯林斯出版社,1998。

西尔佛·黛比:《跌倒七次,爬起来八次:教孩子成功》,千橡市,加利福尼亚:科文出版社,2012。

# 第二部分 区分指导

第四章 因材施教

在学习圈教学模式中,教师指导学生通过探知问题、研究问题和参与课堂来帮助学生获得新知,引导学生发现问题、解决问题,并学以致用。此种教学模式下,学生才能做到活学活用。本章对学习圈教学模式进行了阐述,该模式属于结构主义方法的一种。

第五章 学习方法,因人而异

所有学生都学习,但必须注意到学生是以不同的速度和方式学习的。教师的工作就是要充分发掘学生的天赋,帮助学生找到最佳学习方式。本章主要介绍了关于多元智能、学习方式以及流态的大脑研究。

第六章 学着齐步走——合作式学习

学习情景下的小组互动可以帮助学生培养严谨的思维方式,增强自信心,取得好的学习成果。合作式学习是一种有效的教学和评价策略,可以帮助学生增强学习能力,提高同伴间的情感素养。

# 第四章
# 因材施教

突破传统教学模式,
尝试学习圈教学模式。

*Drumming to the Beat of Different Marchers*

课堂教学：一位美国老师的心得

## 理科生的错误观念

——黛比·西尔佛

孩子们通过特殊的方式获取知识，
比如，"当太阳运行到离地球近的地方时，春天便来了！"
他们认为运动的物体才有惯性。
无论你怎么证明红外线现象，他们还是不相信。

他们相信开关中储存着所有的电力。
相信表面绝对光滑的物体不会产生摩擦力——
只要问问他们，你就会发现这些误识。

南极是磁北，
孩子们很确定这一点。
他们所相信的都是误识
来证明他们所相信的事物！

大多数误识需要纠正过来。
（但是一些误识是可以接受的……
比如，学生在猜测我的年龄时，"西尔佛老师39岁了！"）

影响学习的最重要因素是学习者已有的知识。
——大卫·奥苏伯尔（David Ausubel）

  机械化的教育模式是基于"3个R"教学方法——阅读、背诵和机械重复，是一种方便、易效仿、易评估的教学模式。该模式不要求教师富有创造力和解决问题的能力。该模式的设计者认为，教师不可能做到因材施教。他们需要设计出以教师为中心的课程体系，而与此同时，也有一些设计者致力于以学生为中心的课程体系。

  显然，对学生来说，机械化的教育模式不是最佳的教育模式。那么，教师们为什么不改变这种教育模式呢？对于一些教师来说，打破学校根深蒂固的传统教学模式非常困难。事实上，教师处于一个基于标准的世界中，他们的义务在于使学生拥有正常的读写能力和技能习得能力。由于经历、背景和文化差异，学生刚入学时，有着不同的知识水平。教师必须考虑到这些因素，根据每个学生不同的知识水平，通过有效的教学方式传道授业。虽然这样做很难，但有一种简单的课程设计能够达到这种效果，并且已经有许多不同学科、不同年级的老师应用过这种课程设计。该课程设计既可用于班级中，也可用于小组中，帮助教师做到因材施教。

提出新问题，
探索无限可能，
从新视角观察问题。

——阿尔伯特·爱因斯坦（Albert Einstein）

## 让学习者参与进来，与学习者互动

传统教育家关注的问题之一是：教育差生会花费很多时间和资源，而这些时间和资源本可以更好地用来教育多数学生，帮助他们通过标准化考试。

暂且不谈应试教育的合理性问题，我认为，真正理解所学知识并不等同于机械记忆知识点。

如今，越来越多的教育家将"教学"（teaching）视为互动动词，也就是说，教育也需要学习者的参与。老师可能会通过说、写、举例或其他方式来传授知识，但是如果学生不学习，就不能说老师教不会了。因此，当下的教学重点正在从以教师为中心转向教师通过设计互动学习任务、有效的评估方法、优化时间和资源分配，与课程和学生进行互动（瓦特洛特，1995）。

如果所有的老师都开始注重因材施教，而不是让所有学生都接受不加区别的、以教师为中心的教学模式，会怎么样呢？在一名校长所做的调查中，学校负责人分别跟踪记录9个不同情景中的45名学生。调查发现，多数班级的课堂气氛沉闷。调查者还发现，一些非裔和拉美裔学生被划分在特殊项目中。没有证据可以证明，参加为有缺陷孩子设定的特殊项目可以对孩子有所帮助。经过此次调查后，这些学校通过将特殊教育的学生归到正常班级，发展因材施教的课程体系，提高了测试成绩，调动了学生的积极性。（利特尔，1996）

学生只有将经验知识与新知识联系起来，才能学会并使用新知识。皮亚杰（1974）这样描述这一现象："通过适应与吸收新知识来达到平衡。"有经验的老师总是能够鼓励学生联系新、旧知识。他们了解学生的知识水平，并根据学生的不同知识水平来引导学生学习。

这些教育家认识到，学生通过自主学习知识能更好地构建新知识，这种方法比通过学习墨守成规的课程更有效。教学应该从解决学生的误识开始。

卡罗尔（Carol Ann）在其1999年的《因材施教的课堂：适应所有学生的需求》（The Differentiated Classroom: Responding to the Needs of All Learners）一书中指出，符合以下标准的课堂更有利于学生：

- 教学内容与学生相关；适应学生特点，看似熟悉，与学生的已有知识相联系。
- 帮助学生全面了解自身特点，关注学生成长。
- 教学内容真实可靠，提供真实历史、数学或艺术知识，而并不仅仅提供相应的练习题。
- 教学内容能应用于实际。
- 帮助学生用知识武装自己，为未来作准备。

对于那些不认同当下教育大趋势的教育家，我可以向他们保证，我并不认为应该摒弃一切老教学方法。事实上，当务之急是将学习的重任交给学生，而不是让教师承担所有的知识输出。

传统的教科书有固定的模式。一开始是生词表、知识点列表和主题介绍，之后是大量的例子和规则、技能强化练习、章节测试。在章节的最后部分，有一些发散思维的练习和思考题，这一部分称为"强化与思考"。

我的大多数老师只让那些提早完成练习的学生做发散思维的练习和思考题。回想起来，我意识到，如果那时老师用有趣和有挑战性的练习来引入课堂内容，作为学生，我一定会对接下来的课堂内容感兴趣。

值得庆幸的是，如今许多教科书都遵循了学习圈模式。通常，开始部分是思考题、激发学生兴趣的课堂导入，或者思维发散性的问题。但是，教师不必严格遵循教科书的指导，可以调整课堂内容，以符合学习圈模式。

教学是一个活跃的动词，要求学习者的参与。由于吸引学生注意力变得越来越难，思考题便成为一种激发学生学习兴趣的方式。对于教学目的来说，思考题可以是关于新知识与旧知识（误识）的不符之处。皮亚杰（Piaget）在描述如何通过使学习者感受新、旧知识的冲突来激发学习者的学习兴趣时，提出了这种学习方法。

稳定的环境不一定能够引起学习者的思考。但是，当一个陌生的问题出现时，学习者一定会通过借鉴以往的经验，采取新视角，与同伴沟通来解决问题，重新达到平衡。学习者可以通过适应新知识来重新达到平衡，比如创造或重建自己的思维模式，或者通过吸收新知识来重新达到平衡，比如将新知识融入已有的思维模式中。思考题可以激发学生的兴趣，引导学生探索、发现、质疑和讨论。这种学生与环境间的参与和互动可以帮助学生进行联想，将所学知识用于实际，思考题可以帮助学生学习。

学习就是发现你已经知道的东西。
做就是证明你知道的东西。
教就是告诉别人
他们和你一样知道这些东西。
你们都是学习者、行动者、老师。

——理查德·巴赫

## 理解学习圈结构

教师可以运用学习圈教学模式来帮助学生认识世界。不同年级、不同学科的教师可以改进传统的教学模式，确保没有落后的学生。

采用学习圈模式的课堂，从学生已有的知识开始。课堂的目的在于让所有学生都拥有合理的机会，既包括像梅丽莎一样的好学生，也包括像朱莉一样的差生。下面的一首小诗提供了具体的例子。

跷跷板女王

作者：黛比·西尔佛

梅丽莎是班里的优秀生，
公认的班级领导。

## 课堂教学:一位美国老师的心得 Drumming to the Beat of Different Marchers

小朱莉坐在教室的后面,
是公认的笨学生。

老师让他们打开课本
阅读杠杆原理部分。
并告诉学生要想学习好,
就要记住知识点。

梅丽莎最先阅读完,
并将每一条定义都写了下来。
但是朱莉读不懂单词的意义,
因而没有提交作业。

"可怜的朱莉,"老师感叹道,
"你学不了理学。
我们国家的标准,
你永远都达不到!"

老师叹了口气,让孩子们下课了,
梅丽莎骄傲地带领着孩子们,
"我的成绩是班里最好的,"
她大声地告诉其他孩子。

但是在操场上朱莉是女王,

她统治着跷跷板。
把梅丽莎荡在半空中
并且知道自己是如何做到的!

老师在朱莉的评价单上写到:
"她反应太慢了。
永远都学不会杠杆原理
杠杆原理对她来说太难了!"

　　虽然合作式学习能加强学习圈模式的应用效果,但学习圈模式可以融入大多数教学情景中,并不需要对课堂安排或内容做出调整。学习圈模式涉及课堂展示和教学责任的观念转变。基本思想是在课堂的开始部分,让学生参与实际探究而不是让他们阅读生词表、讲义、幻灯片或法则。然后在老师的认真指导下,学生继续学习知识点和法则。

　　老师拿出一张打印纸,并尝试让这张纸飞越教室。几次尝试都不成功后,学生们便笑了起来。然后,老师给学生们分发纸、剪刀和夹子,要求学生想办法让纸尽可能远地飞越教室。学生们纷纷设计、折叠、裁剪纸张,相互比对,让纸飞起来,然后修改、再次尝试、讨论,最终做出了各自的作品,跃跃欲试。在整个探索过程中,学生的评价体现了他们的经验:

"咦,他的飞机飞得比我的远。我也想尝试下将我的飞机翅膀折成他那样!"

"看,如果你去掉多余的纸,纸飞机就能飞得久一些。"

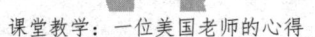

"我要把我的纸飞机翅膀做成尖的,因为我见到的飞机翅膀都是尖的!"

这样做,教师应用了学习圈模式的第一阶段,让学生参与到解决问题的过程中来,要求学生在此过程中收集并整理数据。教师密切关注班级的动向,用针对学生个人或学生小组的开放式问题来引导学生:

"为什么飞机的机头是尖的?"

"你认为,与平翅膀相比,为什么折叠的翅膀能使飞机飞得更远?"

"有没有与飞机外观相似的、其他能飞的事物?"

在这个例子中,这名理学老师用探索性的活动使学生都参与进来,为学生提供了平等的学习起点。通过鼓励学生积极参与到学习过程中来,教师的角色从知识灌输者转向了学习的促进者。通过先让学生运用以往的知识做出自己的作品,组织能够激发学生探索、发现、质疑和讨论兴趣的活动,教师让所有学生都参与了学习过程(西尔佛,1998)。

随着探索过程的深入,学生发现,一些空气动力学的法则可以应用于自己的作品中。他们开始用自己的语言表达所观察到的现象。教师帮助学生用专业词汇(重力,推力)来表达他们所描述的现象(飞落,用力扔)。然后,教师向学生展示飞机的电脑模型以及一些对话来帮助学生学习概念,作出解释。因为学生们已经有相同的实际体验,便更易于参与到关于"起飞、偏航、推力、阻力、重力"的讨论中来。学生可以对比自己在刚刚的探索过程中所观察到的现象。

如果学生理解了飞行原理,教师可以让学生将所学知识应用于图片或电脑图像的飞行现象中,请学生判断其中的卡通人物或发明创造是否真的可以飞起来,并作出解释。可以要求学生指出其中的不足之处,并说明如何改进。

学生将新学习的知识和技能应用于他们的发明创造中,获得更深入的理解,积极参与学习过程。教师认真指导学生完成学习圈的三个阶段,学生在此过程中拓展了知识,增强了实践能力。

关于"学习圈"的解释

通常认为,学习圈分为3到6步,名字各不相同。在本章中,我使用了1987年在物理操作训练项目中看到的模式,该项目由美国国家科学基金会(NSF)赞助,在加利福尼亚州的圣迭戈举行。这种模式来源于20世纪60年代美国国家科学基金会赞助的基础科学项目——科学课程改进研究(SCIS)。

## 学习圈的三个阶段

教师和学生通过学习圈模式学习新知识时,会经历一些阶段或步骤,学习圈不是单向的。在课堂的任何阶段,学习者都可以根据需求跳回或跳过某些阶段,教师的责任在于监督和评价学生的进度以及下一步打算。

### 探索阶段

探索阶段要求学生与同伴互动、处理和加工材料、探索开放性问题。要求班里所有学生都参与到具体活动中,收集并整理数据,相互之间比较答案,涉及矛盾性问题的课堂能够引起学生的好奇心。

通常,探索阶段从能够吸引学生兴趣的情景或问题开始。这个问题可以是本节课所要学的新知识与旧知识的不符之处（比如，老师不能让一张未经折叠的纸飞跃教室）。在该阶段，鼓励学生动手实践、思考问题，而不是要求学生必须得出老师指定的结果。在收集和整理数据的过程中，学生锻炼了技能。

大多数学习圈模式的指导建议要求教师通过设计课堂活动来确保所有学生都能参与其中。那些英语水平不高的同学、班里的少数群体，或者与班里其他同学有着不同经历和背景的同学在传统的教学模式中处于劣势，而探索阶段则帮助所有学生构建相同的学习基础。一些学科更易于引导学生积极参与课堂活动，而有些学科则不然，但是不管是什么学科，课堂都应从学生的共同点出发。

很多教师发现，可以用学生过去的共同经历（对夜晚的恐惧、拜访亲戚、吃最爱的食物、解决难题）来引入一个概念或者展开讨论。我对此的建议是，确保学生都有过这样的经历。

在20世纪70年代初期，我在一个乡村地区给中年级学生上课。当大概有50分钟车程的、最近的大城市建成第一个"当地"购物中心时，我和学生都很高兴。购物中心开业几个月后，我决定给学生布置一个写作任务，让他们写去购物中心的一次难忘的经历。我让去过购物中心的学生举手，所有学生都举手了。

我将学生分为几个小组，让他们列出可以描述自己购物中心经历的词，这次的写作任务是个失败的经历。易怒的学生互相喊着，不同意对方意见，写作任务进行得非常不顺利，我不知道是什么导致了这次失败。

一个春天，当我带学生到城市进行实地考察旅行时，我弄清楚了原因：我们在购物中心停了下来。一群女生跟着我进入了一个大百货商店，当我们站在那里想要弄清我们的方位时，一位年轻的女士轻推了下我，问道："西尔佛女士，到这里来的旅程花了多少钱呢？"

我不知道她在说什么。"什么旅程？"我问。她指了指电梯。这时我突然明白过来，她从来都没有来过购物中心。我在想，有多少学生为了保护自尊而说谎，说自己来过购物中心呢。

从那以后，我就对猜想学生的经历十分谨慎。我发现，最好能够在课堂上提供引入性活动。

**概念发展阶段**

学生在探索阶段调动起好奇心，进行了一番探索发现后，在概念发展阶段，教师帮助学生整理所收集的数据，对探索阶段涉及的术语和概念做出解释。由于学生在探索阶段已经接触了课堂内容，因此在概念发展阶段，他们非常愿意学习生词表、课程指南，也非常愿意深入探讨问题。由于学生接触了与日常知识相关的规律和联系，他们也非常愿意学习新知识。"概念发展阶段"就是教师为学生做出必要指导的阶段。

该阶段，教师最好能够为学生设计多感官、多任务的活动，以充分锻炼学生的各方面能力。教师可以带领学生进行解释说明、分类整理、讨论、得出假设、小演讲、调查、模型制作等活动。

随着互联网时代的到来，学习者可以接触到最好的研究、模型和实例。学习圈的主导思想是，虽然传统的教学模式将概念发展阶段作为课堂的开始部分，但研究表明，该阶段最好放在探索阶段之后。如果教师能够运用有效提问的技巧，该阶段会进行得更好。

## 概念应用阶段

在概念应用阶段，教师要求学生将所学知识应用到实际情境中，并拓展到更宽的领域。教师可以给学生设置一些发人深思的新场景和问题。

在概念应用阶段要对学生做出真实的评价。纽曼、马克思和加莫伦（Newmann, Marks, Gamoran, 1995）认为，评价策略正在从评价浅显的理解水平转向评价更深入的理解，比如：

- 知识构建

  学生应该能够构建并输出知识，而不是仅能够复述或辨认前人的成果。

- 认真探索

  学生应该参与认知活动，用某一领域的知识探索新知，认真与他人交流自己的想法和发现。

- 不以成绩定高低

  要从多方面评价学生的成就——艺术性、实用性、创造性，而不是仅仅看中学生的成绩。

如果教育家想让学生真正做到自主学习、终生学习，就应该对学生做出真实、全面的评价，即使这种评价方法更复杂。

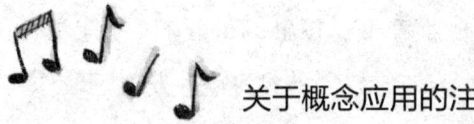

关于概念应用的注释

设计出能够让学生将所学知识应用于广阔领域的活动的确很难。资深教师以及敢有所作为的教师能够培养学生的求知欲望和学习乐趣。

以下是一些学习圈教学模式的课堂实例。在这些课堂实例中也可以使用白板。

---

**例1：数学课**

要求学生数清图片中的正方形个数。

学生的答案从27个到40个间的数都有。教师用疑惑的眼神看着全班，然后用高射投影仪展示图片，并数正方形个数（1个大正方形，18个小正方形，中间有8个微型正方形），说道："看见了吧，只有27个正方形。"

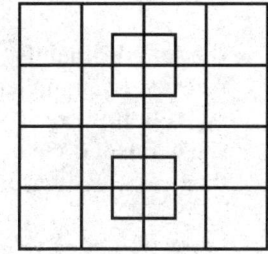

学生指出，老师忘了将2×2的正方形算在内。教师承认学生是对的，然后将这9个正方形算在内。"你们是对的，有36个。"

还有一小部分善于观察的同学告诉老师，老师忘数4个3×3的正方形。"你们是对的！我应该将这4个正方形算在内，总共有40个正方形！"

之后，教师问："我要求你们数正方形个数时，你们关注的是什么？"学生回答："有四条边。"

教师画出一个曲线围成的四边物体。学生答："不，这四条边应该是直的。"

教师画出一个长方形。学生答："不，这四条边应该是直的，而且必须长度相同。"

教师画出一个菱形。学生又将他们的定义修改为，正方形还应有一个直角。

教师总结道："正方形有四条长度相等的直边，还必须有一个直角。"

由于是学生自己得出了定义，因此更易于记忆。至于如何评价，教师分发画有各种各样多边形的题单，让学生说出是否上面所有的多边形都是正方形，并解释原因。然后，教师让学生制作仅由正方形构成的艺术品。

课堂教学：一位美国老师的心得 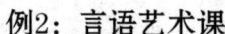 Drumming to the Beat of Different Marchers

### 例2：言语艺术课

学生掌握名词、动词和形容词之后，教师发给学生一则从一本青年杂志上摘录的故事，要求学生列出所有以-ly结尾的词，根据这些词在句中的功能将它们分类，找出规律，并报告给小组成员。

学生指出，大多数以-ly结尾的词都用于修饰其他词，比如动词、形容词。此时，教师引入副词的概念，询问学生是否能得出关于-ly单词的规律。学生告诉老师，所有以-ly结尾的词都是副词。

教师在黑板上写出以下短语：

| | |
|---|---|
| she sang brilliantly | a scholarly report |
| he cried long and hard | driving exceedingly fast |
| a lovely flower | he surely knew the answers |
| she wants it done now | a truly beautiful sunset |
| their progress was painstakingly slow | a tiny fly |

教师让学生检查是否"所有以-ly结尾的词都是副词"。通过问学生一些发人深思的探究性问题，教师帮助他们发现，并不是所有以-ly结尾的词都是副词，用作副词的词也并不都是以-ly结尾的。

最后，教师让学生作出包含至少15个副词的一首诗、一个广告、一支歌曲、一段说唱，或者一段短文，帮助学生正确使用副词。

### 例3：社会研究课

教师给每组学生一份虚构的地图，学生通过地图索引找到水源、山脉、沃土、沙漠、树林、洞穴以及自然资源。索引上还显示有每个地区的平均气温和降水量。每个组都把自己想象成早期的定居者，决定在哪里建立城镇。每组派一个代表展示定居计划，并解释原因。

教师指导学生找出组间相似的选择，并探讨原因。

教师给学生一份早期西迁定居者的真实城镇地图，让学生对比刚刚自己得出的定居规则。学生阅读历史书上关于西进运动的介绍，上网或通过其他方式搜寻资料。

至于如何评价，教师让学生选择一个美国的大城市，讨论该城市最初建于该地的原因。

# 有效提问

提问是一个经常被忽视的教学工具。有效提问技巧可以帮助教师了解学生的经历、理解和误识，还可以指导学生思考与学习。

通常，有效提问可以是学习圈三个阶段中任一阶段的一部分。

**第一阶段：**
**探索阶段**

要求学生收集或回忆信息。

**第二阶段：**
**概念发展阶段**

要求学生进行分析、分类、比较、对比、区分、解释、分组、推断、类比、整理和综合。

**第三阶段：**
**概念应用阶段**

培养学生创造性思维，鼓励学生作出假设。可以让学生将理论运用于实际，建造模型，评估、推断、预测、归纳、假设、猜想和判断。

在课前想好要问学生的问题很重要。有经验的老师，尤其是新老师会把要问的问题事先写下来。想问题的过程可以帮助教师思考本节课的教学目标以及学生听完课后应该达到的水平。如果没有给学生提供解释所学知识并用所学知识解决新问题的机会，那么，动手活动、自主学习任务就是不完整的，有效提问能帮助学生提高思维水平。

## 关于有效提问的技巧小贴士

- 在点学生名字前提问：如果点到一名学生后，再问问题，其他学生就不会跟着一起思考问题了。
- 教师应避免对学生说太多，尽量少说多听。
- 思考问题的时间应该多于2秒钟，可以是6秒钟。尽量适应思考时间的长短。

> 由于我是A类性格，因此我很难适应思考时间。我总是让一名学生（通常是班里难以集中注意力听课的学生）为回答问题的学生计时。

- 练习让每个学生都回答问题（这样做很难！）。可以随机点名字，在座位表上标记出回答过问题的学生，或者通过其他方法保证所有学生都有机会回答问题，不要让少数几个学生独占问答环节。
- 给所有学生留出相同的思考时间！然而，教师通常会给聪明的学生更多时间回答问题，而给不太聪明的学生更少时间。
- 让其他学生回应或者评价回答者的答案是一种非常有效的方法。教师不要总是自己回应回答者的答案。
- 让学生描述他们思考问题的过程。这样做，可以帮助那些不知如何解答该问题的学生，提高学生的思维能力。
- 评价学生的答案时，不要使用过多大加赞扬的语言，最好让学生互相评价答案。
- 对于学生提出的问题，如果教师不知道答案，千万不要编造答案。为学生做出好榜样，共同找到答案。
- 鼓励学生提出问题。

# 为什么学习圈有效？

教学专家提倡以学生为中心的自主学习模式。在这种学习模式下，学习者可以参加自己感兴趣的活动，激发好奇心，学以致用。

调查发现，学习取决于以下因素：
- 学生的动机。
- 学生积极、主动地学习。
- 在新、旧知识间建立联系。
- 能够将所学知识应用于实际。

## 重新设计课堂，融入学习圈模式

我们不是害怕改变，也不是偏爱旧模式，而是害怕处在介于两者中间的位置，这种恐惧就像处在吊架间的半空中，就像莱纳斯（Linus）所依赖的毯子还在烘干机中，没有可以抓住的东西。

——玛丽琳·弗格斯（Marilyn Ferguson），
《宝瓶同谋》（*The Aquarian Conspiracy*）

重新设计教学和评价策略，将学习圈模式融入其中，这样做很值得。然而，要想做到，就需要花费时间认真思考。如今，很多课程资源和教科书都采用了学习圈模式。尝试着用电脑搜索来获知一些想法，输入想要教的内容、学生的年龄段以及参考词"学习圈"。比如，可以用谷歌搜索引擎，输入"数学""小学""学习圈"。

与其他学科相比，一些学科更易于采用学习圈模式。不论哪种学科，都要确保每个学生都有合理的进步机会，以达到预期目标。不要试图一下子完成所有课堂的重新设计。

首先，重新设计易于采用学习圈模式的课堂；其次，逐渐改变大多数课堂，至少将学习圈的一部分融入在内。经常反思什么方法有效、什么方法无效。继续保持有效的方法，改变无效的方法。

第二部分 区分指导

计划制订的要
点在书后

学习圈课堂计
划模板也在书后

结合学习圈评价表来完善
课堂计划

93

## 落实课堂改革的建议

- 不要尝试一下子将所有改革落实到位,要循序渐进。
- 不要一个人进行所有改革。与其他教师、家长和管理人员合作。
- 参加专业组织,尤其是课程组织。阅读这些组织的期刊、参加研讨会、订阅时事通讯、浏览推荐网站。
- 通过互联网获取新概念,与其他教师交流,向他们请教。
- 与他人交流改革带来的变化。让家长、学生和其他老师了解正在发生的变化。
- 与工、商业交流,听取关于教学评价方法的实用性想法。
- 享受改革过程,总结成功与失败的经验。

## 总结

  托马斯·阿姆斯壮(Thomas Armstrong)(1998)在他的著作《唤醒教室里的天才》(Awakening Genius in the Classroom)中极力推荐促进自然学习节奏的模式,强调要激发每个孩子的学习动机。学习圈调动了托马斯所说的学生12个内在学习动机——好奇心、趣味性、想象力、愉悦感、奇妙感、创造性、智慧、新颖度、活力、直观性、灵活性、幽默感。

  总之,理解性教学需要不同的策略,而不仅仅是传统教学策略。在一节旨在满足所有学生的课堂上，教师指导学生进行探索和讨论，解决学生的一些误识。学生自己探索问题是获取新知的一种有效途径。

在教育界有一个共识：传统教学不是帮助学生转变观念、学习新知的最有效途径。一般，学习圈等建设性的教学方法更适合个性化教学，能够适应所有学生的需求，比如学习动机、理解力和思维能力的提升。

## 推荐的阅读书目

贝蒂·霍拉斯：《整体设置中的差异教学》，彼得伯勒（美国新罕布什尔州）：水晶泉图书，2005。

安东尼·W. 杰克逊、盖尔·A. 戴维斯：《转折点2000年：21世纪青少年教育》，纽约：师范学院出版社，2000。

道格·约翰逊：《教师计算机技能必备指南》，第二版，沃辛顿（美国俄亥俄州）：林沃斯出版社，2002。

R. J. 马扎诺、D. 皮克林，J. E. 波洛克：《课堂教学：提高学生成绩基于研究的策略》，亚历山大市（美国弗吉尼亚州）：视导与课程发展学会（ASCD），2001。

大卫·A. 索萨、卡罗尔·A. 汤姆林森：《差异化和大脑：神经科学如何支持学生友好型课堂》，布卢明顿（美国印第安纳州）：解树出版社，2011。

卡罗尔·A. 汤姆林森：《差异化课堂：满足所有学习者的需求》，亚历山大市（美国弗吉尼亚州）：视导与课程发展学会（ASCD），1999。

卡罗尔·A.汤姆林森、玛西娅·B.伊姆布:《差异化教室的领导和管理》,亚历山大市(美国弗吉尼亚州):视导与课程发展学会(ASCD),2010。

格兰特·威金斯、杰·麦克泰:《理解性教学》,亚历山大市(美国弗吉尼亚州):视导与课程发展学会(ASCD),1998。(注:本书再版于2005年。)

里克·沃摩利:《差异化:6-12年级从规划到实践》,波特兰(美国缅因州):斯坦豪斯出版社,2007。

里克·沃摩利:《任何科目中的综述:50种提高学生学习的方法》,亚历山大市(美国弗吉尼亚州):视导与课程发展学会(ASCD),2005。

# 第五章
# 学习方法,因人而异

既然人人自有天赋,
何不启而用之?

*Drumming to the Beat of Different Marchers*

课堂教学：一位美国老师的心得

## 教学之辩
### 包容的教师与专断的教师

我让他们知道自己多么敏捷。
我希望他们各呈所长。
我努力发掘他们的迥异才智。
我的任务是调节不同的学生和谐相处。
我的信条是教有所用。
我给足他们必要的时间思考。
每一种学习方法我都要讲清楚。
刺激的方法不妨一试。
要有多种评估方式。
我会与学生们协作。
学生的学习任务各有差异。
我的教学方法常有新意。
我想让他们习得"学习之道"。
他们将因此享受知识的快乐。

我测验他们思维有多迟钝。
我只喜欢整齐划一。
我发给他们一样的任务。
他们要做好我要求的每一件事。
我们一起学完所有的课文。
学得慢的孩子令我烦躁。
我只告诉他们一种"正确"之道。
我不会拿学习去玩闹！
我只需要举行一次测试。
我厌恶给他们制定目标！
但是我们又目标一致。
我不会费力去"与时俱进"！
我希望他们能够懂得……
作为老师，我必倾吾所有。

**你认为哪位老师更值得效仿？**

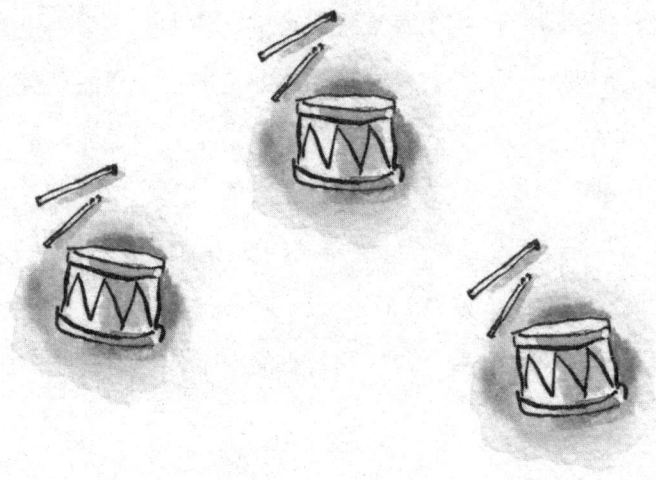

## 我的经历

经常有人问我是否支持资优教育计划。我的回答从来没变过——资优课程是独一无二的，而且要面向全体学生。我相信所有的孩子都有天赋；教育者有责任照顾到禀赋不同的学生，结合最合适的教育实践，并依据学生的特殊需求为他们量身定做不同的教育计划。

想要开发学生更多的天赋，一种方法是针对不同的学生探寻不同的成功之道。最近关于多元智能与学习方法的研究，进一步呼吁教育者采取不同的教学策略和评估方法。"多元智能理论"（MI）之父霍华德·加德纳（Howard Gardner）曾说过："教育不在于学生多么聪明，而在于发现他们多么聪明。"这是十年来我最信奉的教育格言。

其实学生都有能力，只是我们曾天真地以为有些优势和学习方法比其他东西更有价值，许多学习者因此认识不到自己的才能，甚至与成功失之交臂。如果有学生没有按照老师所谓的"正确"方法学习，就得遵循此道重学一遍，下次再接再厉。

　　这种传统意义上的矫正有点荒唐可笑。假如一个学生没有把有25道题的习题集全部做对，何必要再给他布置25道一模一样的题目呢？为什么不尝试一些完全不同的教学内容呢？我更钟情于一种"补偿论"——让学生学会发挥自己的长处来解决那些举步维艰的问题。当然，大多数教师真心希望能够包容每一个学生，但是他们常常决定不了最合适的做法。

　　有时候，我就像一位伪君子。我不断督促大人们，要仔细倾听每个孩子内心的想法。然而，当安迪（我最小的继子）告诉我他想成为一名音乐家的时候，我却言行不一了。

## 安迪的故事

　　安迪之前从没有上过音乐课，没参加过任何乐队，甚至没接触过乐器（除非你把勺子、铅笔等可以用来即兴表演的器具也算在内）。

　　作为一个经验丰富的中学教师，我很熟悉青春期孩子对乐器的兴趣，但是我却忽略了他的想法，以为他长大后就再没兴趣了。直到有一天，他请我帮他说服他爸爸为他买了一套小军鼓，我才意识到自己错了。

　　我清楚地记得，当时热情体贴地对他说："安迪，仔细想想。我们家有5个男孩子，4个没成年，而你却认为咱们家里缺少的是一套小军鼓！我可不这么想！"

　　年轻无畏的西尔佛找到一份工作，自己赚了钱买了梦寐以求的鼓。然后他开始正式练习鼓乐，很快展现出自己的音乐才能甚至发现了自己的音乐天赋。多年来，他常常向身边的年轻人提起这件事，但是我们谁也没有当回事。

而事实却令人振奋。安迪上八年级之前，还是跟我以及他爸爸住在一起，经过一番测验，老师们早就表示，安迪学习能力迟缓。之前有教育者告诉他父母，安迪将来成功的可能性并不大，因为他的阅读能力堪忧。甚至有老师担心，安迪很难坚持到高中毕业。

我们把他送到当地一所学校，让他和其他正常孩子一起学习，学校通知我们根据安迪以往的表现记录来看，他需要上特殊班。这些记录是安迪上二年级时一些教育者轻易给他贴上的标签，此事深深地困扰着我。和安迪共处的时候，我发现他感觉十分敏锐，就像是一个深刻的思想家。我们希望他能够在新学校里和同龄人一起参加教育课程。尽管学校的管理人员对此犹豫不决，但是因为我知道法律系统是怎样运作的，我能够让安迪在这里接受教育。尽管他的标准化考试成绩非常低，还患有学习障碍记录（诵读困难尤为严重），他与同龄人一起被安排在标准班里。暂时来说，我的确维护了自己的权利，但是后来我又想到：那些没有法律援助的其他这样的孩子怎么样了？如果这些学生相信了别人给他们贴的标签会怎么样？

即使被安排在一个新学校的普通班，有了一个新的开始，但是仍然不能如此简单地解决安迪的教育问题。多年来，许多人或公开或隐蔽地告诉他，他的前途并不像别人那样光明，而这毋庸置疑已经深深伤害了他。他已经丧失了尝试的兴致，因为他很难在R（阅读、背诵和复述）的世界中学到东西。偶尔在一些课堂中，老师让学生动手制作东西时（而不仅仅是在读课文和回答问题时），他会做得相当好。在课堂上，老师鼓励学生对有趣的问题进行激烈辩论时，安迪的学习表现飙升。但是，那些课程仅仅是例外，大部分时间他都需要认真听讲、记笔记、背诵，并按照要求写东西。他真的努力，但他告诉我他没有得到坚持下去的理由。

然而，音乐却为我们这位年轻的打击乐手的命运带来了一丝转机。当他开始认真地演奏时，他会边打拍子边学习。自从他在课堂上回忆起击鼓的旋律，并且把需要记忆的内容和旋律联系起来之后，他曾费力记忆的长篇记叙文也容易记住了。他借助自己的音乐才能来记忆事实和重要数据。结果成功了！（有多少人答卷时还在默念着ABC字母歌呢？）随着学习上取得越来越大的进步，他变得更加努力了。他最终学会了用音乐作为技巧来帮助自己记住所有的内容。最终，这个曾经被认为"永远不会高中毕业"的孩子跟其他同学一起光荣地按时毕业。毕业典礼上，他的妈妈俯身过来感谢我。我快言道，我理解她的心情，但是他的成功是安迪靠自己的努力赢得的。他找到了自己的声音、自己的步伐、自己的节奏。我只是在一旁击鼓相和罢了。

高三时，这个学习"缓慢、能力低下"的孩子被授予约翰·菲利普斯·苏萨音乐奖（John Phillips Sousa Music Award），随后他获得了去音乐学院深造的奖学金，学习怎样成为一个摇滚明星。大学毕业时，他获得了爵士表演学位和执教资格证。安迪现在是一个成功的音乐家，住在德克萨斯的奥斯汀，兼职任教，生活怡然自得。

实际上，安迪帮助我明确了一些我凭直觉早已知道的事情。有时，学生会觉得记忆大量的叙述内容十分困难，但如果我们把这些内容加上节拍或是旋律，学生便能够很容易回想起其中的信息。早在多元智能理论的支持者出现，并且告诉我们为何此方法行之有效之前，许多老师就创编了说唱音乐、节拍和歌曲来帮助学生记忆冗长的信息。

我认识的一位高中老师,曾让学习生物学的学生编排了音乐广场舞蹈,来演示细胞是如何分裂的。他们的歌声和舞蹈贯穿了有丝分裂的过程,这对于他们来说更为轻松。我想,他们之中肯定有人,永远都不会忘记细胞器官的名字和每一阶段的顺序。

　　要了解更多音乐对于学习新知识的作用,就去读唐·坎贝尔(Don Campbell)的《莫扎特效应》(*The Mozart Effect*)。

　　但音乐只是可以使学生变聪明的方法之一,除此之外至少还有其他七种方法。高效率教师多年来一直使用一种多元智能课堂设计,他们让学生将化学分子表演出来,或是创作一幅历史时间轴的壁画,又或者做一场第一人称的口头读书报告。好老师总是能找到办法来彰显学生的能力,并将他们纳入有效的指导和评估中。

　　好消息是如今的教育者们并不用从头开始。通过专业期刊、互联网和在职培训,他们能得到大量关于如何将多元智能理论融入课堂的信息。许多书籍和网站上有许多有用的多元智能教案和评估计划。要谨防盲目采用现成的课程设计,或是忽略了霍华德·加德纳最初描述的深度。多元智能的目的在于帮助教师为每个学生尽可能地创造最好的学习经历。这是一个十分独特的过程,不能机械复制。

　　多元智能理论在教育界中的讨论和应用越来越广泛。这一原理的基石是"不让一个孩子掉队",而这是使学生们的才智(他们所有人都至少在一两个领域里颇有长处!)得到认同,以使得他们对周围世界的理解达到最大的前提。帮助他们学习利用自身能力,这是激励他们成为终身学习者的重要方式。研究人员越来越多地发现,即使是在学习生活中很小的一部分，如果能够都用学生最擅长的领域来对他们进行教学和评估，那么学生的学习和表现都会得到全面提高。

## 霍华德·加德纳的多元智能理论

1983年，霍华德·加德纳在其《智能的结构》一书中首次描述了七种智能。之后他说他的研究成果代表了他对于识别智能"最为诚挚的努力"，相比于单一实体，他更认为智能是一种多维模型，是可以通过处理神经生物学、文化史和认知心理学的经验调查结果来识别的。之后他承认没有经验论是可以永远屹立不倒的，并且说如果在实验室里或是这一领域有新发现的话，他的理论也是要修改的。加德纳遵守诺言，1995年的时候在其智能列表上加上了第八项智能。

之后加德纳并未再发展其他的多元智能理论。他常说，他和其他人一样，对教育界如此之迅速地接受了他的发现而感到惊讶。他敦促使用他的理论需要坚持三个原则（1995）：

1. 培养对社区和社会有价值的技能。
2. 用多种方式处理新的概念和课题。
3. 尽可能进行个性化教学

加德纳认为，对其研究成果的最好运用，是让教师们认识到能够使学生变得聪敏的独特方法。他敦促教师要帮助学生利用他们不同智能的组合，在学业上和生活中获得成功。切克雷（1997）提供了这八种智能的摘要信息：

## 加德纳八种智能的摘要信息

| | |
|---|---|
| 语言智能 | 语言智能是使用语言（母语或是其他语言）来表达内心所想以及理解其他人的能力。诗人确实专攻语言智能，但任何一种作家、演说家、演讲者、律师或者那些语言对其来说是一种重要存货的人，语言智能都十分突出。 |
| 逻辑-数学智能 | 逻辑-数学智能高度发达的人能够用科学家或是逻辑学家那样的方法，理解某种因果系统的基础原则；或能够用数学家的方法，操纵数字、数量和运算。 |
| 空间智能 | 空间智能是指在脑海内描绘空间世界的能力——就如水手和飞行员在巨大的空间世界里导航，或者像棋手和雕刻家所描绘的更为局限的空间世界一样。空间智能可以应用于艺术或者科学中。相较于音乐家或作家，空间智能较发达且倾心于艺术的学习者更可能成为画家、雕刻家或是建筑师。同样，某些科学，比如解剖学和局部解剖学都强调空间智能。 |
| 身体动觉智能 | 身体动觉智能是使用整个身体或身体的一部分——手、手指或者胳膊——来解决问题、做事情或者穿戴某种产品。最鲜明的例子就是从事体育运动或者表演艺术的人，尤其是舞蹈或表演。 |
| 音乐智能 | 音乐智能是用音乐思考，能够听到音乐模式，辨认并记住它们，甚至还能操纵它们的人。有着强大音乐智能的人不仅能够轻易地记住音乐——他们不能将其驱赶出自己的头脑，因为音乐无所不在。<br><br>现在，有些人会说："是的，音乐十分重要，然而这是一种天分。"然而我说："好，让我们管这个叫天分。"然后我们不得不将"智能"这个词从对所有人类能力的讨论中除去。 |
| 人际智能 | 人际智能是指理解别人。这是一种我们都需要的智能，但这对教师、临床医生、销售人员和政治家尤为重要。与其他人相处的任何人都必须在人际交往领域十分精通。 |

续

| | |
|---|---|
| 自我认知智能 | 自我认知智能是指理解自己，自己能够做什么，想要做什么，对事物如何反应，要避免哪些事情以及会被哪些事情所吸引。能够很好地理解自己的人会吸引他人，因为有着自我认知智能的人会倾向于少犯错误。他们知道自己所能够做的以及不能够做的。并且他们知道如果自己需要帮助的时候该如何做。 |
| 自然认知智能 | 自然认知智能指人类区别生物（植物和动物）的能力，以及对自然界其他特征（云、岩石的外形）的敏感性。在人类进化史中，这种能力对于狩猎者、采集者和农民来说显然很重要。对于植物学家或是厨师来说，这种能力依然十分重要。<br><br>　　我也猜测我们消费社会中的许多东西开发了自然认知智能，这种智能会在汽车、运动鞋、各种化妆品等的区别中被调动起来。 |

## 将多元智能介绍给学生

　　学生喜欢使用各种清单建立自己的智能档案。对主要优势领域的深入思考对学生来说是很有价值的多元认知工具。现有文献和网上有一些可利用的多元智能清单。

　　用一次破冰活动向学生介绍多元智能的理念。书后面有一个例子，活动的目的是鼓励学习者对不同领域的智能进行思考。参与者自由组合，让不同的人填空。每个参与者可以填一下自己的表单。为在表格里记录名字，签名的人必须确实能够执行任务（不仅仅是说自己能够做到）。

此活动完成后，问学生有些任务对他们的吸引力是否比对其他人要大，学生总是会给出肯定回答。要向他们解释，现在的研究已经提醒教育工作者，在八种智能中，每个人至少在一两个领域里都是十分聪明的，并且没有人在八种智能领域里都非常聪明。

为说明这一点，向他们解释，有些人会在一个领域里展示出不可思议的能力，而在其他领域能力颇低（学者综合征）。他们中大多数人看过电影《雨人》（Rain Man），所以对此是如何发生的，会有一个视觉意象。告诉他们在一定程度上，所有人都有一两种智能，比其他智能更为先进。

每个人各种智能都有一些，某些领域对于他们来说，本来就更为容易。每个学生都有着八大智能的独特组合。假定每个个体都能通过努力提高每一项智能，那么每个人在利用其擅长领域的同时，还应努力提高其不擅长的领域。

为帮助他们确定自己的专长领域，可以让他们填写一份智能档案。这对于帮助学生发现他们所擅长的领域大有裨益。（如果"智能"这个术语使你感到困扰，可以把智能看作所擅长的领域，是学生展示出学习意向的领域，或是对于学生来说看似容易的一组任务。）

## 多元智能理论在学生评价中的应用

智力清单可以帮助教师更好地观察学生，从而认识每个学生所具有的

课堂教学：一位美国老师的心得  *Drumming to the Beat of Different Marchers*

优势和潜力。

教师观察每个孩子的特点后，再针对此设计合适的教学和评估策略。

多元智能理论主张的是教师应该尝试用多种方式呈现教学内容，而非所有的教学内容都可以用这八种方式呈现。

霍华德·加德纳认为学习是一个思考的过程，好的思考过程学生是可以习得的。学习的目的应该是充分理解知识更深层次，即对所学知识的灵活应用。同时，多元智能理论的应用范围不应仅仅局限在学习过程中，也可以应用在评价过程中。

选择性评价需要教师发挥创造力，充分地考虑学生的情况，整个过程实施也需要一定时间。像使用其他的新方法一样，教师在使用时应该循序渐进，根据学情调整节奏。与此同时，教师在尝试新方法时也时常需要协调好与学生、同事、家长以及教育管理者的关系以保证新的评价方法顺利实施，请他们耐心观察，在整个评价过程结束时再提出意见和建议。在实施过程中，教师应该做好准备向他们充分解释评价过程，并认真听取他们的想法。相信最终他们的担忧大多会被化解，因为因材施教的教学方法会取得更好的教学效果，成效会使新方法不证自明。

有些教育者希望发现一些理念和方法，让他们的学生将真实的理解展示出来，而现在有大量的书籍和资源可以提供给这些教育者。

我最好的建议是仅将现成的程序作为指导，一般来说，教师应该适应他人的工作，符合他们的确切需要。深入思考应该教给学生的，使其掌握的核心理念和技能是什么。

许多教师通过与学生头脑风暴来观察哪些是他们已经习得的知识，他们引导学生自己创设标准、学习期待和学习量规，用以展示他们对特定知识的掌握程度和进步空间。最后，教师应该允许学生更灵活地选择不同的方式来展示自己的学习成果，并不是每次都要用八种方法，但至少偶尔应该这样做，使成果展示不再局限于纸笔。以下是一些方法可供参考。

## 学生展示理解内容的不同方式

新闻报告　　　　　从其他人立场写日记
创作并表演说唱　　制作多媒体演示
制作表格图表　　　做采访
发明创造　　　　　做网络调查问卷
教导他人　　　　　做宠物秀
给编辑的一封信　　制作卡通形象
组织讨论会　　　　画流程图
制作广告标语　　　表演
写散文　　　　　　捍卫理论
参加模拟实验　　　做小册子
诗歌创作　　　　　展览
制作相簿　　　　　创建一支舞蹈
做类比　　　　　　坚持记日记
参与模拟审判　　　创建一个报告
教学设计与实践　　作报告写计划
设计新配方　　　　画壁画

| | |
|---|---|
| 写作独角戏 | 开发新产品 |
| 阐述数学概念 | 作实验 |
| 为书写评论文章 | 制作评判准则模型 |
| 完成示范 | 建立注释 |
| 制作剪贴簿 | 写书 |
| 参加辩论会 | 建立学习中心 |
| 制作评论视频 | 规划蓝图 |
| 结构设计 | 做自我评价 |
| 发展收集爱好 | 解决谜题 |
| 设计游戏 | 到画廊（旋转木马）漫步 |
| 点评事件 | 建立检查平衡机制 |

多元智能理论在很大程度上推进了对差异化教学的辩论。一个深思熟虑的人在承认每个孩子在八种智能方面有自己的独特之处后，不会提倡同时用同样的方法教授他们同样的内容。根据这个方法，教育家应注重寻求评估学生的多种途径，而非只依赖根据读写能力判断他们的学识。

霍华德·加德纳一再表示，他创建的智力鉴定法不应用来给学生贴标签或者区分需要改正的学生。学生在不同方面表现不同，应鼓励老师为每个孩子寻求最佳学习机会。自己认为自己聪明也会让学生有满足感，从而激励他们认真学习。

## 学习方式介绍

另一个支持差异教学法的论点来自心理学领域。行为和认知心理学专家长期持有一种观点，即学生上学前已经具有某些特定的学习方式，而其中许多都与传统教学方式相违背。

  教育工作者在了解多元智能理论前，研究人员便提醒教师留心学生已经拥有了吸收新信息的固定方式。教育工作者也被告知，传统教学方式下，学生学习水平参差不齐。

  虽然羞于承认，但我直到三十多岁才因为提出"冷眼旁观"教学方式得到教训。多年以来，我满怀优越感，认为所有人只要"头脑冷静"，采用我这种自然又轻松的态度面对生活，世界就会更美好。

  我曾经耐心地试图让我最好的朋友（她自然也是一位老师）认同这一点。她会把所有的单子都列出来，怀着税收审计员一样的激情管理自己的生活。她经常因为我不愿参加她策划的会议而万分沮丧（但我宁可把响尾蛇打成结也不愿去开会！）。她还常常因为我不作准备，忽视细节而焦躁不安。同样，我也常常因为她要准备各种应急后备计划或者嘲笑她那像战略军事计划一样的日历而被迫延期。基本上，我会拒绝她对我的任何控制，而对她认定的我轻浮不负责任等也不敢苟同。

  在课堂上，我与那些想知道我会在何时通过什么样的方式教授什么内容的学生沟通也有同样的困难。六年级开学的第一天，就有一个学生想知道我们一整年的教学大纲！我很生气她因为这种完全不必要的事情就让我处在这种尴尬的境地。我知道这个学年将会非常漫长。

  过去上课时，我会用大量时间和精力让课堂变得生动有趣，但总会有某个学生问："我们现在不应该开始拼写单词了吗？"这总让我很烦恼，我真想掐死他！

  对这种学生，我会让他们放轻松，我们的课程一定会涵盖全部内

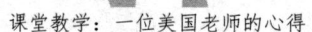

课堂教学：一位美国老师的心得　　*Drumming to the Beat of Different Marchers*

容，但他们仍然很紧张，这让我很困惑。而学生问我这些内容会不会考试时，我觉得很烦恼。我回答他们应该好好学习，而不是担心测试。但他们似乎也并不轻松。我的几个学生和我观念有冲突，我将其归咎于他们对我不信任，有紧张情绪。

后来，因为职业提升计划的要求，我和我的好朋友驱车前往"大城市"参加学习方式研讨会。我以前从未听说过学习风格，但我总是需要"造型技巧"，所以就抓住了这个机会。我们认识了主持人安东尼·格雷格克博士（Anthony Gregorc），曾经所有的参与者都采取他的描绘风格[1]™(1982)。这个方法提供了一系列词汇，我们根据个人的想法和感受，从1到4分级打分。我们用分数做成曲线图，该图表明我们处理生活中直接需求的倾向性。我偷偷看了我的朋友图，一点也不惊讶，她的图与我的恰恰相反。

当格雷格克博士要求与会者中最高分落在抽象随机组的人举手时，我骄傲地伸出了手臂。他告诉大家四处看看那些举手的人，他们是屋里最有趣、最无拘无束的人。这时，我的朋友看起来很沮丧。

他解释说我们这种类型的人生活多姿多彩，把别人都吸引到我们周围。听到这里，我开心地笑了。我正以为他要让小组其他成员都努力变成我们这样抽象随机型时，他补充说："顺便说一下，这些人没有时间观念，他们的细节很糟糕，总是阻挠了那些试图为大事作计划的人。"

我缩回椅子上，我的朋友自鸣得意地仔细看了一下，轻声说："博士你说得太对了！"

格雷格克博士继续说明他四种类型的优势和劣势。四类包括抽象随机型、抽象顺序型、具体随机型和具体顺序型。所有四类人，不仅仅是我，被强烈的积极特征和固有的局限性所左右。他告诉我们人们内化信息和解决问题的方法是静态的、本能的。

这对我来说就像是醍醐灌顶。我突然意识到，当别人不配合我使用我的方法时，这并不是他们对我个人的不认可，而只是他们想用他们最喜欢的方式做事。当学生抱怨他们不能按照我提供的方式学习时，更多的是风格问题而非智力或服从问题。

我仔细倾听我的新先知说的话。我记笔记，问问题，后来还回答了学习风格主题的追踪问卷。它完全改变了我的教学方式。

我意识到，我过去一直使用我喜欢的指导性教学方式。因为我很随意，不喜欢采用大量阅读作业、训练和实践、循序渐进的方法，或任何形式的僵化策略，我根本不会用。因为我的想法太过抽象，我从来不需要使用黑板、投影仪、教学大纲，甚至课堂笔记。

我无序又难以预测的教学方法适用于那些同样抽象随机型的学生，我突然明白，那些更喜欢顺序性和具体性的学生被排除在这种方式之外。难怪他们因为我疯狂的速度而困扰迷惑。是时候改变我的一些做法了。

从有重要意义的那天起，我做了相当多关于学习风格主题的研究。我发现四个基本人格类型的概念起源于古老的历史和哲学。

无论你使用哪个分类系统，有明显的证据表明，个人学习时最好通过差异化教学策略和评估系统学习。

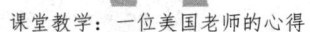 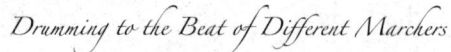

 教师可以通过调整差异化教学途径最有效地吸引每个学生。

# 格雷格克的四种基本学习方法

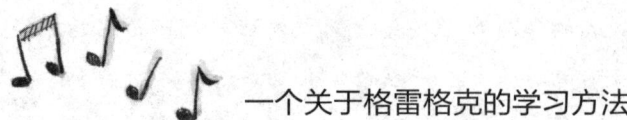

一个关于格雷格克的学习方法

以下内容由安东尼·格雷格克分类而成。这些分类来源于他对学习方法这一主题的广泛研究。本文的全面介绍可在线查询。

### 抽象随机型

抽象随机型学习者（ALR）的学习方法根据学习者的情绪和兴趣程度而改变。抽象随机型学习者对待生活理想化、情绪化、强烈化。这类学习者更喜欢积极活跃的环境，以使情感和身心获得自由。抽象随机型学习者与众不同之处在于他们对人类行为的注意度以及对感觉的超强感知和解释能力。一个抽象随机型学习者更愿意接受非结构化的信息，因而在团体或繁忙的环境中感到惬意。抽象随机型学习者倾向于从宏观上评估一切经历，并两面化地看待世界。

### 具体顺序型

具体顺序型学习者(CSL)对待变化犹豫不决，迟疑不定。这类学习者对待生活现实化、有耐心、较为保守。具体顺序型学习者更喜欢有序、安静、稳定的环境。他们具有从直接性亲身实践中获取信息的调整能力。这类学习者拥有超强的五官感知能力，喜欢可触性的具体实物。

面对新情况，此类学生喜欢循序渐进。具体顺序型学习者不爱惊喜，犹爱掌控一切状况。这类具体顺序型学习者不但寻找方向，还以之为导航！

### 抽象顺序型

抽象顺序型学习者(ASL)对待变化优柔寡断。这类人注重知识和事实；抽象顺序型学习者往往得到证明文件后才会接受新的观点。抽象顺序型学习者对待生活现实认真、逻辑理智、坚定不移。

抽象顺序型学习者喜欢以自身的学习为导向。这类学生对书面、口头以及图像类信号具有超强的解码能力。抽象顺序型学习者偏爱合理的实质性演讲，他们注重细节，偏爱独自工作。

### 具体随机型

具体随机型学习者(CRL)对待变化开放服从；这类人有时是变化的煽动者。他（她）们对生活充满好奇，独立性强，且享受有竞争力，富有激发性的环境。这类人有着实验性态度，常以试错的方法来解决问题。一位具体随机型学习者能够迅速获取某种观念的精髓，并在探索非结构化问题解决经验上凭借神秘的直觉取得重大进展。

## 这对教师们来说意味着什么？

我并非要求每个教师都必须吃透四种不同方法的任意概念(八种不同的元智力以及两者的结合)。那既不切实际，结果又会适得其反。作为教育者，其部分工作就是从现实世界的角度武装学生，并且直白地说，大多数情况下，我们的学习者都必须遵循现实世界的法令，而非其他。

相反，我建议，像每个单元计划的那样，为学生设计各种各样的体验，使教师更能够吸引不同步伐的学生，并让他们再次参与到学习过程中去。目的性计划课程常常提供一系列信息内化的方法。对于我们中的大多数人来说，很容易计划出符合我们自身风格的活动。难度在于融合各项活动，抓住每一种风格（如果你在一个团队工作的同事有不同的学习方式，这工作就容易多了）。关键在于各种信息呈现方式的多样性。为学生在此过程中的练习方式作出计划，并为他们展示自身所学知识创造机会。教师务必勤勉于给每个学生提供展现自我所学及自身最佳资源的机会。请使用以下建议来帮助你找到适用于每个学生的学习策略。

### 适用于各类学习者的教学策略

| 抽象随机型学习者 | 具体随机型学习者 |
| --- | --- |
| · 角色扮演<br>· 团队游戏<br>· 短篇阅读作业<br>· 讨论<br>· 视频 | · 独立研究项目<br>· 学习游戏<br>· 模拟<br>· 可选性阅读作业<br>· 自由讨论 |

续

| 抽象顺序型学习者 | 具体顺序型学习者 |
|---|---|
| · 大量的阅读作业<br>· 具有反思时间的讲座<br>· 辩论<br>· 论文<br>· 安静有序的环境<br>· 在万维网上查询信息 | · 循序渐进的方向<br>· 练习册<br>· 训练和实践<br>· 示范性讲座<br>· 图纸和模型分类<br>· 有序的实地考察 |

　　有些人对学习方法和多元智能之间的关系困惑连连。在本书中，多元智能理论关乎内容，而学习方法理论则关乎过程。我坚信，学习方法是主要用于理解掌握新技能和概念的固定模式。我认为，一个人的学习方式能够超越任何的智力水平。有些人对多元智能和学习方法之间的关系发表议论。到目前为止，我不满于这些将两者关联起来的企图，因为我认为它们之间并没有相互关联的必要。我所了解的，无非是每个学生都有其自身独特的学习方法，如若教师们受到鼓励，去采用不同的技巧、策略、任务以及测验来使每个学生都有机会取得成功，那么，这将人人受益。

　　如果医生、律师和牙医的办公室里同时出现40个人，每个人都有不同的需求,有些不想待在那儿的人会惹麻烦，而没有助手的医生、律师和牙医又不得不对他们进行长达9个月的专业治疗，那么，他们或许会对课堂教师的工作有个一知半解。

——理查德·巴赫

## 连贯

有时，当学生参与的活动或任务与他们个人需求匹配良好时，会发生奇妙的事情。他们听不到下课铃响，不愿离开课堂，并怀着对学习的热爱离开教室。这种理想状态称为"连贯"，且被许多理论学家和教育学家视为最佳学习状态。

去年夏天，我的继子安迪（那个曾经被老师说"无法从高中毕业"的孩子）打电话来问我一个关于米哈里·契克森米哈（Mihaly Csikszentmihalyi）提出的连贯概念问题。安迪在那本书中苦苦挣扎，因为他想提高自己门下音乐学生的连贯状态，我深受感动。大多数时候，我甚至无法让自己的研究生去处理这个研究员的手稿，但安迪希尔韦却独自一人在契克森米哈的理论中跋山涉水，只为提高自身的教学水平。多么优秀的教师啊！

经历了20多年的研究后，心理学家契克森米哈引用"连贯"这个词来指集中行动和意识状态。它在这个圈子里成为了一种流行表达。研究课题将"连贯"描述为一种完全沉浸在活动中的状态（如跑步、写作、探索、绘画、跳舞、表演、阅读），以至于暂时失去了对时间、空间及外界刺激的感知。

据受访者的报告显示，当他们的注意力集中到这个深度时，他们感到精力充沛、身心愉悦。他们把这种感觉比作在电流引导下畅通无阻地前行。

契克森米哈称之为"连贯"，而其他人则称之为"乐趣"。

第二部分 区分指导

 育不是注满一桶水,而是点燃一把火。
　　　　　　　　　——W. B. 叶芝（W. B. Yeats）

列弗维果斯基（Lev Vygotsky）（1980）将放置于学生"最近发展区"中的体验定义为最佳学习体验。"最近发展区"是学生目前的心理发展水平和潜在发展水平之间的那段距离，即，一个按理说可以到达，但就是远远不够用来维持兴趣——介于焦虑和无聊之间。当任务要求高，个人技能的使用达到最大化时，学习者更容易沉浸到过程中去，契克森米哈对此表示赞同。最佳状态就是：学生开始参与其中，聚精会神，并愿意不断突破自身能力极限。心理学家认为，当学习经验提供了这种内在奖励时，学生更有可能成为自我驱动、自我激励的终身学习者。

我本人坚信，终身学习并不受"为考试而教学"所激励，同步课程，或任何其他的方法仅仅是"灌桶式学习"。"教育大师们总是密切配合学生的兴趣和能力去完成认知任务。"因此，教师应该帮助学生体会学习过程中的乐趣，而不是只遵循预设结果。这些"点火人"有能力用极其相关又诱人的活动来激发、鼓舞并授权学生，使得学习过程达到近乎"连贯"。这样的优势来源于能够提供既有挑战性又可完成的任务。

## 促进课堂连贯性

契克森米哈(1991)为那些想要促进课堂连贯性的人们提出了几项基本

原则。教师应：

- 注意学生的目标和愿望；用这些知识来选择和改造具有挑战意义的活动。
- 明确上下文目标的自由中，让学生掌控自己的学习。
- 对学生的表现作出清晰、及时的反馈，且不令他们感到自卑或难为情。
- 给学生安排适当的时间来关注并限制干扰因素。

当连贯自然发生时，敏锐的老师能够察觉（比如，激烈的辩论、写日记、创建多媒体演示、玩游戏、制作音乐或听音乐，或加工一个艺术项目），并学会给学生创造类似的体验。他们不断监控着学生活动，并根据任务难度进行上下调整。

连贯状态是学生的最佳学习状态，而不是不受教师故意设计和学生目的性努力下正常产生的结果。经验丰富的教师能够让学生意识到连贯是需要他们分内的工作与责任才能达到的。他们提醒学生，是刻意练习和努力才让泰戈尔·伍兹学会打高尔夫球，让"小甜甜"布兰妮完成声乐时机和舞步，让j. K. 罗琳掌握了语法规则。一些训练和实践往往是需要达到确定的步骤或动作，才能使之不再需要有意识的思维也能运作自如，这种状态的自动性需要更高水平的性能。当学习中巧妙地混合着进入连贯状态的机会时，学生更容易接受重复单调的基本技能学习。

教育者必须找到自己的连贯状态，以便在工作中保持精力、激情和效率。尽管很多教师知道，真正对学生的学习能够产生影响而又有效的是关注激励型问题(点燃火种)，但一些学校系统仍然大量使用设法选择、组织和分配知识(灌桶式教学)的方法。简而言之，灌桶式教学并不有效，因其成果会迅速蒸发。

这不是一项简单的任务，但其结果能够永久地帮助学生挖掘天赋，增加所有参与者的学习乐趣。通过确认和利用学生的多元智能和学习方式，教师可以更有效地实现学生的短期和远程教育目标。

安迪，谢谢你，谢谢所有点燃火种和鼓吹不同前进方式的教师们！

## 推荐阅读书目

阿姆斯特朗·托马斯：《在教室里觉醒的天才》，亚历山大，弗吉尼亚州：监督与课程开发协会(ASCD)，1998。

伯克·凯：《如何评估真实的学习》第3版，阿灵顿高地，IL：天窗培训出版社，1999。（注：这本书的第五版是在2009年由科文出版社出版。）

坎贝尔·堂：《莫扎特效应：利用音乐来治愈身体的力量，加强思想，开启创新精神》纽约：哈伯·柯林斯出版社，2001。

坎贝尔·琳达、布鲁斯·坎贝尔：《多元智能和学生成绩：六个学校的成功故事》，亚历山大，弗吉尼亚州：监督与课程开发协会（ASCD），1999。

詹森·埃里克：《理性教学》亚历山大，弗吉尼亚州：监督与课程开发协会（ASCD），1998。

拉泽·大卫·G：《八种学识方法》第3版，CA：千橡市科文出版社，1999。

卢浮·理查德：《山林的孩子：从大自然缺失症中拯救我们的孩子》，教堂山，NC：阿冈昆书教堂山，2006。

卢浮·理查德：《林子里的最后一个小孩：从大自然缺失症中拯救我们的孩子》，教堂山，NC：阿冈昆书教堂山，2006。

# 第六章
# 学着齐步走
# ——合作式学习

合作式学习还是混乱的交流?
真的有区别吗?

*Drumming to the Beat of Different Marchers*

## 课堂教学：一位美国老师的心得

现代教育中，最令人振奋的进步之一，要算是合作学习了。合作学习即让儿童两人一组学习或者组成小组学习。

一系列研究表明：在一个好的合作小组中学习，可以让学生更加积极地认识自我、认识同学、认识所学课程。与别人合作学习可以让学生采用多种方法更有效地学习，这样比跟别人比着学效率高，也比自己一个人学习效率高。合作学习对幼儿园儿童和大学生最有效，对理解有困难和学得很快的学生都有效；对数学和自然科学都有效，对语言技能和社会学研究都有效，对艺术和外语都有效。

——阿尔菲·科恩（Alfie Kohn）

## 个人经历

多年前,我受邀对一个教师组织就课堂合作学习的优点进行发言。我大概讲了下什么是让学生采取小组学习的形式完成具体的学习任务,这样同样能达到教学目标。一位老教师向椅背上一靠,高声说道:"我年轻的时候用过这一套,当时就觉得这是忽悠。"我们都笑了,但是我能看出来他是认真的。

我给他们展示了一幅复杂的图片,图中有一个盘子,盘子上摆满了各种物品,这些物品之间都没什么联系。我让参与者记住盘子里有什么物品,这张幻灯片20秒后就切换了。随后我让每个人分别列出自己看到的物品,要求他们不能交谈所看到的内容,也不能看别人的纸上写的什么。

约三分钟后,大部分参与者都很沮丧,他们没能记住许多细节。我让他们四人一组一起进行回忆,最后整个小组完成作业。所有组中，四人一起列的清单都要比其中任何一个人自己的清单更详细。我问他们为什么是这样，他们说其他人看到了一些自己没有看到的东西，记住了一些自己没能记住的东西。

"正是如此。"我回答，"企业中越来越多的任务都以团队合作的形式完成，学校中采用合作学习的模式也越来越多，而以上所讲正是其中的原因之一。"

有充分准备的合作学习是对差异化教学的补充。作为一种包含多样学习方法的教学策略，合作学习强调合作而非竞争，能让学生增强自尊心，取得更好的学习成绩。学习任务会按照复杂程度的不同分成不同梯度，让孩子接受挑战，学一些之前并不了解的内容，因此老师能够提高对学生的整体要求。个人的贡献也变大了，并且有小组反馈做支持。

小组成员的集体智慧和学习特点使得学生可以发挥自己的强项来帮助在这些方面不如自己的同学。学生在这个过程中学会了合作，了解了公平，懂得了多样性的价值。

| 传统课堂 | 合作课堂 |
| --- | --- |
| 学生是被动的 | 学生是主动的 |
| 学生独自学习 | 学生有一到四个同伴 |
| 老师引导学生学习 | 学生自发学习 |
| 保持安静很重要 | 热烈的氛围更好 |
| 老师发起讨论 | 学生自发讨论 |
| 有些学生不参加讨论 | 所有学生都参与 |
| 个人对个人负责 | 对个人也对小组负责 |
| 学生独立学习 | 学生之间互相帮助 |
| 获得的肯定来自于老师 | 获得的肯定来自于同伴 |
| 每个人都独自使用学习资料 | 共享学习资料 |

# 什么是合作学习

合作学习是一种教学策略，旨在将学生分成小组共同学习，并在具体的学习任务中互相帮助，学习中侧重于学生的协作。不论组员是自发结合还是老师挑选，通常合作小组都能够自发维持下去。请注意，并不是所有的小组学习都叫合作学习。

差异化教学中，老师经常组织非正式的、灵活的小组，将相似的学生组织起来进行附加的教学、练习或训练。

老师是学习小组的领导，且并非按照合作模式来。

合作学习包括以下几种活动：

- 需要学生协作来完成目标。

  如果学生肩并肩坐着完成一些自己独立就能轻松完成的任务，那么这不叫合作学习。必须要求学生分享学习资料和知识、分工合作、发挥各自才能，共同努力。

- 每个人都要承担责任。

  小组成员要有分工，并做小组展示。小组成员单独进行测试或集体测试，从而保证每个人都能掌握要求掌握的内容。

- 学生之间要面对面交流。

  小组学习中，让学生凑在一起，可以围着桌子坐，也可以搬凳子坐在一起，也可以席地而坐，总之是在任何能够与其他组分开来独立完成手头任务的地方。

- 关注人际协作和小组协作技巧。

  所设计的学习任务需要能培养积极的人际沟通技巧，比如倾听、凝聚共识、分享、支持他人、重申观点、合适的眼神交流和肢体语言以及鼓励。整个团队会学习如何保持专注于任务之中，并保证所有人都能跟上进度。

## 为什么要合作学习？

商界不断提醒着教育工作者，21世纪他们需要的雇员有两项技能最重要：1. 能够以创新思维解决问题。2. 能协作完成共同的目标。学校的宗旨通常涉及让学生成为社区中有爱心的成员以及不要对他人抱有偏见。让学生加入由不同类型的人组成的小组，是另外一种在积极的环境中与他人交流的办法。有学习障碍、语言交流障碍或肢体障碍等困难的学生，在小组中得到成员支持的同时，也能提高所有组员的宽容度。

有目的的合作学习能够提高学生的人际交往能力，这对他们将来找对象、工作、处好家庭关系及其他社会关系都有用。有意将社会需要的能力纳入学习活动要求中有助于建立社区意识，提高学生的集体意识。第七章会进一步讨论关于情感因素的考虑。

30年的研究表明，采取了有效的合作学习模式后，学生的思维层次更高，能记住的东西更多，对于自己的收获有更强的责任感，对于学校和合作学习的这一科目都有了更积极的态度。教学中采用合作学习的策略后，学生能力不论高低，都在认知上有了积极的转变。

**如**果你想持续进步，与人竞争吧。
**如**果你想飞速进步，与人合作吧。

——佚名

## 合作学习的好处

- 从所有能力水平上提高成就
- 加强学生承担自己学习的责任感
- 提高记忆力
- 对主题培养更多的积极感觉
- 提供更多的积极学习
- 集中更多时间在学习上
- 对学生减少挫败感和焦虑感
- 在学生中间加强一种集体意识
- 促进人际交流技巧
- 增强自我价值感

## 如何利用合作学习的方法

有段时间我觉得合作学习适用于所有四年级以上的学生。

我没有考虑到再小一点的学生，因为我的教学模型对他们来说有点复杂。一般的情况是，我将这一模型用于四年级以下的学生时，他

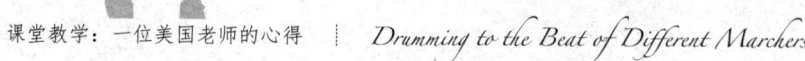

们在步骤的理解上有困难，难以照顾到学习的内容。

随后我开始指导那些能非常有效地利用合作学习方法的低年级小学教师。他们成功的秘诀就是采用了不同的模型！他们中大部分人采用的合作学习方式都是以两人一组，有时会将他们组成3人或4人一组。

有若干成功的办法能够帮助老师制定策略，从而能让学生找到自身积极的社会价值和良好的行为。佛伊尔、莱曼和蒂斯（1992）曾发现，低年级学生需要：

- （运用教学模型的）足够的经验。
- 充足的时间。
- 能够应用这些经验的机会。

对于中等程度的学生来说，4到5个人的组合适。小组成员人数根据时间长短、任务难易程度、房间布置和学生对合作学习的熟悉程度的不同而有所调整。不要让小组成员超过5人，因为在多数情况下，组员人数大于等于6人时，组内会形成子组，而且难以给超过5人的小组分配具体任务。要应用以上指导方针，但要根据实际情况进行调整。

组织年龄大一点的学生时，一定要记住：

- 小组要对每一个组员的表现负责。
- 小组每个成员都要对小组负责，且每个人都要能够汇报或阐释小组的成果。
- 小组成员由教师安排。小组成员应由不同特点学生组成，如不同性别、不同种族、不同社会经济地位、不同学习能力和风格、人际关系生疏等。
- 小组的领导由小组成员轮流担任。每一位组员都有自己的工作和责任。
- 老师只负责提供学习资料和方法；学生自行学习。
- 要有小组活动和自我评价的时间。

## 回答大家关心的有关合作学习的问题

教育工作者、官员、家长都表达了对于课堂上实行合作学习的一些顾虑，这里列出了最受关注的问题，我将在我的研究和个人经验的基础上予以解答。

合作学习问题之一：
"小组中大部分或全部工作都会是由同一个或几个学生完成。"

在组织合理的小组学习活动中，每个学生都有自己具体的工作。这里有一个关于分派和监督工作的成功计划的例子。每次有了新的活动，组员的工作职责会轮转。座椅上有红蓝黄绿其中一种颜色的塑封标签，标记符号会一直贴在上面。墙上有一张海报，海报四等分，分别记着每个组员的职责：物料员、组长、计时员、数据采集员。如果组员有5人，则可以添加督导员的工作。每个海报的右下角贴着红蓝黄绿其中一种颜色的标签。活动开始时，学生需要看自己凳子上的颜色对应的工作是什么，对应的颜色就是他们课上任务的分配。

每次活动开始之前给海报换上不同颜色的标签，从而保证学生有平等的机会尝试所有的工作。在自发组成的小组中，学生如果想自行分配工作也是可以的。

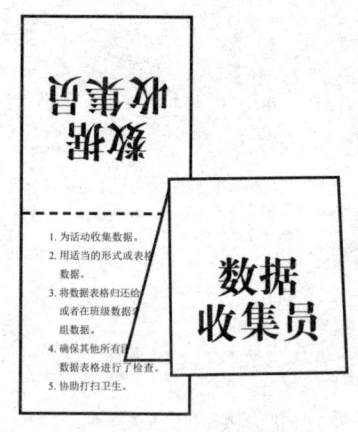

给每个组发一些塑封的工作布告牌，书后面有布告牌的样板。将布告牌置于学生面前，背对学生的一面写着工作名称，正对学生的一面写着工作的内容。这些布告牌是用来提醒学生当日的工作内容，也能帮助老师考察团队成员是否在履行自己的职责。

小组成员的个人表现决定了小组的基本分，如果某个成员霸占了其他成员的工作会被扣分。在这样一种情况下，按要求每个学生都会体验领导、数据记录员、督导员、物料员的工作。由于所有的数据表格（活动表、项目报告等）都要经过组员的一致同意，因此每个人都会参与其中。

只有组长才能向老师提问题，这就意味着平时总是与老师交流的那几个人不可能这么做。这也有助于避免多余的问题，向老师提出问题之前应该先在小组内部讨论，他们经常能通过小组讨论找到问题的答案。

这个模型下没有汇报员的工作。所以学生永远不知道接下来由谁回答问题、作汇报、展示数据。所有的组员需要协同工作来保证每个人对材料有同等的熟悉程度。

我总是随机抽取一种颜色来分配活动的汇报员工作。我利用这一模型来保证让每一个学生参与到小组活动中来，取得了极为满意的效果。没有任何一个学生会大包大揽所有的工作。我也会对学生的小组活动进行监督，以保证所有组员各司其职。

合作学习问题之二：

"老师会失去对课堂的控制。"

不丢掉权利最好的办法就是放权，让学生自行学习是管理课堂极为有效的办法。总的来说，传统中管理大课堂有困难的老师，在管理小组上也不会有困难。当然不幸的是，之前就有困难的管理小组之后依然会有困难。

不过，这里有些小窍门能够帮助老师做好管理工作

- 学生到来之前准备并分拣好所有的材料。用纸箱盖、塑料盘或塑料桶盛放课堂用具。
- 在开始严格的分级作业任务之前，先演练下合作学习的步骤。
- 慢慢来。先做些团队建设活动来让学生做好合作学习的准备，活动结束时花额外的时间进行任务报告。
- 密切监督小组活动，用小组参与分数的数轴来警示学生的不恰当行为。

使用这一策略能够实现有序的合作学习。物料员拿起的材料中，就包括了一份小组参与分数图。数据收集员填好日期、组号和参与的组员名字，将表格放在老师够得着的地方。在对小组进行监督的时候，有任何违反程序或管理标准的行为老师都会注意到，并会扣分（最初值是100，减分即依次向后标注）。表格的样板在书后。

**集体参与数轴**

日期_____ 小组编号_____

小组参与成员：
_____ _____
_____ _____
_____ _____

100 95 90 85 80 75 70 65 60 55 50 45 40 35 30 25 20 15 10 5 0

Participation Points Earned:_____

如果一个学生做了其他学生的工作,我会扣分。

活动结束时,数据记录员(如果有督导员的话是督导员)记下未做标注的最高分,并填在底部的线上,这个分值就是这组的参与得分。

参与得分会与活动得分进行加权平均,参与得分的权重由老师决定。起初进行活动介绍的第一次活动,参与得分可以作为总得分;随后参与得分比重逐步降低至50%、25%甚至更低。老师根据短期和长期的目标来对学生的活动进行评价。

合作学习存在的问题之三:
"有些学生会给小组拖后腿。"

处理问题队员最简单的方法之一,就是把这个学生从指定的组中剔除,让他自成一组。要求该学生与其他学生一样,在同一时间内做同样的任务。如果这项学习任务是按照合作方式设计的(本来就应该这么设计),单凭这个学生自己是无法保质保量完成任务的,他将因此受到给小组拖后腿的惩罚。

事后,曾经有个学生请求我把他再放回那个小组。

一个更好的方法是,和那些似乎很难跟同龄人合作和相处的学生谈一谈,下面这个例子可以说明这个方法多么有效。

我曾经有过一个学生叫道格,他非常聪明,是个天才,就是容忍不了那些没他反应快的人。

　　他过分的时候会表现得非常粗鲁、固执。表现最好的时候，也总是高人一等，喜欢控制别人。他曾经公开说明，不想跟任何人一组。当我把他放在某一组时，他就故意试着给小组扣参与分，以此惩罚队友对他的忽视。

　　没有人想跟他分在一组。

　　在我专注于短期和长期目标时，反复考虑道格的事。我知道他对自己的同伴关系非常缺乏安全感，因此他总用自己高超的智慧作为防御机制。我不希望他继续破坏他的团队，让他们失分。道格可以给同龄的小伙伴提供很多帮助，但他在处理人际关系上也迫切需要一些帮助。

　　在我重新分组的前一天，我把三名女学生叫到大厅里谈话。我觉得事前跟学生商量很管用，于是我告诉她们："姑娘们，明天我要重新分组了，我要把道格跟你们三个分到一组。"她们一听连连抱怨，一直转动着眼珠子。

　　我说："我知道道格很难相处。我已经考虑很久了，想找出我认识的三个最果断、最有耐心、最富同情心的学生。所以我首先想到的就是你们三个。我知道跟道格相处并不容易，但真的需要有人向他伸出援手，我觉得你们三个是最佳人选。无论何时，只要你们觉得再也忍不下去了，可以来和我说，我会全力支持你们的。但是我个人认为，道格是值得我们为之付出努力的人，你们愿意试一下吗"？

　　她们都同意了。我把道格放在她们的小组，密切监测他们的交流活动。姑娘们没有让我失望。他们肯定他，对他很有耐心，还鼓励了他。每当我路过他们小组时，他们中就会有人向我眨眨眼睛，让我知道这个团队目前状况很好。有时我会给他们每个人都写个纸条，感谢她们的付出。很快，道格就成功地融入了小组。我告诉道格，我注意到他和他的新团队表现得有多好。等到该重新分组时，他们四个给我写信，问他们是否能再在一起合作一回。他们告诉我说，他们想要齐心协力保住自己的"大家庭"！

一定要记住，许多学生真的很喜欢单枪匹马完成任务。对于学生来说，我们至少偶尔要给他们单独完成项目（并不是作为惩罚）的机会。独来独往的人，也应该得到一次成功的机会。

合作学习存在的问题之四：
"给一个小组成绩对某些小组成员是不公平的。"

与一些不能真正理解合作学习真谛的教师一样，很多家长也存在困惑。他们认为的小组合作就意味着那些不怎么聪明的孩子会拉低他们孩子的分数，或者最终所有的工作都得他们的孩子做。

我做的第一件事是，让家长和学生放心，他们的成绩由很多部分组成。我的确是给他们合作学习的活动打分，但我也给独立的项目、个人测试、个人作业、个人文件和相关的评估打分。我告诉他们，一般情况下，小组活动的成绩都会高于个人成绩。如果他们对合作学习成绩提出质疑，我这里一直有一个由每个小组成员（包括他们自己的孩子）签署的活动表。

如果他们抱怨小组里面鱼龙混杂，那么我可以不假思索地告诉父母们，我的工作之一就是帮助学生们学会如何与别人相处。我特意设计了许多课堂活动来讲授和加强他们的社会化技能。对于那些认定自己的孩子有天赋，担心那些水平较低的孩子会减缓自己孩子进步的家长，我会给他们看看相关的研究，不同的能力就是从这种鱼龙混杂的小组合作中获得的。我会给他们解释孩子们的智力程度是有差别的，指出每个学生在不同的领域都会有自己的一技之长。

许多才智超群的学生往往明显缺乏人际沟通技巧。有天赋的学生自杀率是最高的。我让他们知道，我认为通过建立课堂社区来培养全方面发展的孩子是我的责任，为此，小组学习是一种不错的方法。此外，我还指出，有时学生会有机会单独完成任务的。

合作学习存在的问题之五：
"小组成员互相争论会浪费时间。"

那些不花时间去练习合作学习的程序和例程的教师，都是在自找麻烦。除非学生们之前有过有效小组合作的实践经验，否则他们是不可能理解你的期望的。在学年之初，进行小组合作时，教师很有必要花时间特意和学生一起走走小组合作的过程。可以通过一些有趣的活动，来让学生了解规则和规矩。

为了让合作小组保持新鲜和热情，定期调整分组很重要。小一些的学生需要经常变更分组，年龄大一些的学生可以每学年变更一次。

当我们在一学年里从每6周一调整变成每9周一调整时，我发现六年级的学生一年中需要至少4次变化。我在一学年内给他们变更两次，这似乎很可行，你将不得不根据实际情况找出最好的解决方案。

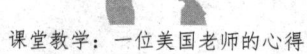

| 课堂教学：一位美国老师的心得 | Drumming to the Beat of Different Marchers |

记住，老师每变更一次小组，这个小组就会产生微妙的变化，老师也需要给学生提供机会，让他们和新队友融到一起。即使几个月来他们在一个班级共度时光，但他们所在的小组不尽相同，因此在接受紧张的学习任务之前，仍然需要做一两个团队建设活动，我列举了一些团队建设的好活动，活动页在书后可以看到。

### 具有共同属性的游戏

一旦安排好小组，请指定一名成员为记录员，记下每个组员的名字。小组组长应该帮助成员挖掘10条（最好是有点特色的）共性。在活动结束时，每个组里派一个人（由老师选择）介绍每个组的成员，并读一读他们组的前5个共性。

当学生们渐渐熟悉小组环境，感到比较自在时，就会将从小组中学习到的个人技能和技术用到小组合作中。

**合作学习存在的问题之六：**

**"合作学习的准备过程花费太多的时间。"**

不幸的是，很多教师只尝试过一两次合作学习，他们太过关注所用的时间比较多，因此就认定合作学习根本干不长。在开始阶段，学生需要学习和实践某些必要步骤,因此可能会有点慢。然而,持续的关注和培训最终会节省时间。因为老师可以自由地在教室走动,说明或再次讲授一些东西,这些都不会干扰到小组成员,时间最终将被最大化。

的确,要想进行合作学习,教师需要花一些时间准备,但这些都会在学生上课前做好,因此是不会浪费课堂时间的。也可以让学生整理和设定下一节课的安排,这样,教师便可以把节省下来的时间用来组织管理材料。

**合作学习存在的问题之七:**

**"合作学习活动中容易失去材料。"**

老师在课堂外准备好他们珍贵的教学材料,这让他们有时很担心自己的东西会放错地方或丢失。如果小组中有一个成员能负责跟踪材料,那么这件事发生的概率就会非常小。材料经理(简称MM)制作一个将所有材料都包含在内的清单,然后再将所需材料带到小组前检查一遍,以确保所有材料和用品都在。等到活动结束,材料经理负责再次检查,以确保所有的材料和用品都放回原先的位置,并为下节课作准备。一旦哪些物品丢失或损坏,材料经理还会及时向老师报告。

> 曾经我有一个极其热心的材料经理,为了一块丢失的磁铁,他非要搜小组成员的身。
> 我拒绝了这一要求,后来发现它粘在桌子底部的一块金属上。

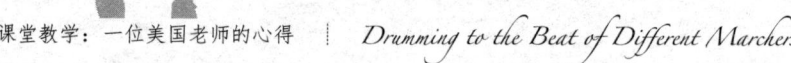

**合作学习存在的问题之八：**

**"学习效率不同使小组活动较难开展。"**

的确，学生与学生之间的学习效率不一样，小组与小组之间也是如此。让学生坐在那里等着别人来完成任务，不是个好主意。无论大组、小组还是个人，教师们都应该为那些完成较快的成员特意准备些有挑战性的活动。

有时我想让小组工作完成速度接近一些，我就会展开定向合作学习。我给学生们完整的书面步骤，但在某些章节之后都有暂停信号。

我给学生们的口令有点类似这样："继续前进，做A和B部分，然后在我没让你继续前进前，做额外的工作。"然后我观察每组的进展，直到大多数组别都完成了指定的任务，接着我说："我现在要让桌子上有绿点的同学向大家分享你们组的发现。"当这些环节完全结束后，我说，"现在做C部分，然后停下。如果你有额外的时间，你可以开始填写你的活动日志了。"等等。通过引导学生做某些部分然后宣布暂停，我可以更好地对进展情况做出非正式评估，并据此调整我的教学过程。

**合作学习存在的问题之九：**

**"合作学习小组会制造混乱。"**

如果合作学习有周密的计划和良好的管理，就不会有什么混乱。如果小组成员要进行合作学习，那么教师制订的活动计划，不但要有挑战性，还要有可行性。各项任务都应该要求所有团队成员集中精力做自己的工作，并在规定的时间内完成。在学生到来之前，应该把材料和用品进行整理和分类。在合作学习活动中，教师有责任对学生进行监控，并做到以下几点：

- 给予即时反馈和加强学习的方法。
- 如有必要，重新讲授某些概念。
- 指向明确。
- 鼓励学生口头阐述。
- 对积极的交流和努力做出肯定。
- 对学生的学习和合作进行非正式评估。

为了确保合作学习活动有条不紊、平稳结束，我们可以采取另一种方式，即在结束前给学生留出一些时间，让整个小组分享他们的心得，并让几个组对他们的合作交流做出评价。无论以口头的形式还是以日志的形式，都可以让学生回答以下问题：

- 你的团队在做决策时，每一个成员的参与度如何？用具体事例说明。
- 你对今天的小组工作有何感受？为什么？
- 在今天的活动中，想对队友们说些什么？或者你现在感觉如何？
- 你觉得应怎样提高小组的相处和合作方式？
- 在这个小组里学习，最令你满意的地方是什么？

教师们需密切关注个人在群体内的互动情况，要想让合作学习平稳运行，就要确保每个小组幸福快乐、运作良好，配以适当的任务，并给予恰当的时间限制。

## 帮助学生变得社会化

随着教师经验的不断积累,他们将学会身兼数职。旨在让学生一进门就立刻投入的海绵活动有时候会在课堂上被改写为某个学习活动。合作学习活动能在学生们学到具体内容和知识的同时,加强社会技能。

我随时可以让学生在小组合作中学习一种社会化技能,同时让他们完成我所分配的所有认知任务。例如,当学生第一次被分配到某个小组,我告诉他们,我会记录下他们正确叫出对方名字的次数。我在一旁监控时,会拿着一个有纸夹的笔记板,为每一组计数。所有的任务完成后,我就宣布获胜小组,并发点小奖品。

我还通过这种方式加强了以下几种社会化技能:
- 在你陈述自己观点之前复述以下队友的看法
- 积极肯定和鼓励彼此
- 轮流做事
- 共享材料
- 聚精会神地倾听别人讲话
- 建立共识

## 合作学习的其他方法

以下列举了能将合作学习融入到日常计划的几个好点子:

### 演讲或展示

当老师正在论述、示范，或者解释某个知识点时，可以暂停一下，叫几个小组来做总结、归类、讨论、描述，或者谈谈对材料的看法。

### 难度较高的问题

老师要求小组合作，完成难度较大的任务。例如分析、合成、评价和创造。

### 加强实践

老师要求学生与他们的小组一起练习、背诵或复习给定的概念。

### 决策/问题解决

小组解决老师提出的问题。例如，学校对公共场所乱扔垃圾一事不知所措。她就要求几个小组讨论找出可以成功解决该问题的方法。后来小组交上了报告，全班达成了共识，并将此报告发给学生会或校长。合作小组还可以对班级事务提出建议，协助民主决策。

### 检验

老师问一个问题小组成员共同讨论答案；老师说一个颜色，其他成员立刻结束讨论，具备这个色点的学生回答老师的问题。

### 比赛形式

以比赛形式展开合作学习的例子有很多。学生小组成绩分工法

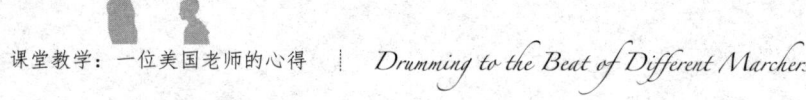

（STAD）和小组游戏竞赛法（TGT）是最常见的。

### 与同学互相矫正

小组成员互相校对彼此的工作并提供改善建议。这种做法对"矫正者"和"被矫正者"均有帮助。

### 评估

画廊行走（有时称为狂欢行走）是一种用来小组评估学生的方法。老师们把大量的白纸板贴在教室里。每张白纸顶端都写上一个问题，这些问题有多个答案，给每个小组不同颜色的记号笔，让他们在每个问题下面写一个正确的答案。同一张纸上不能出现重复的答案。老师可以通过听他们在小组中发表的意见对学生的学习情况进行非正式评估（斯莱文将此称作口头阐述）。或者，教师们可以通过对每个小组的答案进行记录，做出更为正式的评估。

### 项目研究或小组调查

小组合作完成项目，可以共同分担任务量。通常学生自己学习时会有拖延症，但是受到同伴的激励反而会有动力来完成他们那部分任务。

### 检查作业

虽然家庭作业要求独立完成，但许多教师忙碌了一天，用来检查和纠正作业的时间有限。这时小组成员可以互相检查同学的作业做得对不对。

## 总结

 教学相长。

——罗伯特·哈尔夫

小组合作是一种强有力的教学工具，它能够用以增强学习流程，对大多数有效的教学策略都有帮助。必要时，即使是水平参差不齐的学生也仍然需要学会有效地进行小组合作。学会人际交流技巧可以帮助学生成为更为合格的市民，小组合作也有利于学生们更加团结。

要想更好地了解本章中某些具体的技巧，或者获取特定年龄小组和学科领域的课程，请前往当地图书馆、书店或网站查阅。合作学习策略的资料比比皆是。

## 推荐阅读书目

凯恩，苏珊：《安静：聒噪世界中的内向力量》，纽约：皇冠出版社，2012。

德特默·P.、瑟斯顿·L. P. 和戴克·N. J.：《有特殊需要的学生的协作、咨询和团队合作》，哥伦布，俄亥俄州：皮尔森出版社，2009。

约翰逊，大卫·W. 等：《新学习圈：教室和学校中的合作》，亚历山大，弗吉尼亚州：监督和课程开发协会（ASCD），1994。

卡根·斯宾塞、米格尔·卡根：《卡根合作学习：圣克莱门特》，加利福尼亚：卡根出版，2009。

课堂教学：一位美国老师的心得 | *Drumming to the Beat of Different Marchers*

福伊尔、哈维·C等：《幼儿课堂中的合作式学习》，华盛顿：国家教育协会专业图书馆，1992。

斯莱文，罗伯特·E：《合作学习：理论、研究和实践》第二版，恩格尔伍德克利夫斯，新泽西：阿林&培根公司，1994。

# 第三部分 按自己的节奏来

根据我们的学识,有谁能说出光是怎么进入灵魂,从哪里进入灵魂的?

——亨利·大卫·梭罗

### 第七章 构建课堂团体

把一个人的任务融入到其他人的日程中并非易事。本章讲述了认知和情感的偶然矛盾,不仅列举了影响教师的日常事件,还给出了一些建议,使得教师在教育学生达到标准的同时又不失去自我,本章还阐明了情感自由的概念和要求。

### 第八章 把爱传出去

第八章解释了"教学之心"的重要性,并给出了具体例子,本章还讲述了整合课程中人际互动技巧的方法。

# 第七章
## 构建课堂团体

做一名情绪上有教养的教育者，
并不是悖论！

*Drumming to the Beat of Different Marchers*

## 课堂教学：一位美国老师的心得

> 在内心深处，我们都知道，集会、课堂海报和灿烂的脸贴并不能改变学生对学校或学校以外生活的态度。另一方面，如能在教室和课程中加入弹性建设，将对学生的内心自我形象产生深远的影响……
>
> ——理查德·沙戈尔（Richard Sagor）

> 学习空间需要舒适的环境，这不是为了减去学习的痛苦，而是为了把痛苦的事情变成可能……暴露无知，验证假设，挑战错误或片面的信息。部分信息、思想的相互批评，反而使痛苦的事情成为可能……（所有这些）在人们受到威胁或产生疑问的环境中都会发生。
>
> ——帕克·J. 帕尔默（Parker J. Palmer）

 如果现实是能够产生知识和智慧的种子,那么情感和感官印象是保证种子发展壮大的肥沃土壤。

——雷切尔·卡森(Rachel Carson)

## 惊奇感……
## 所有孩子的惊奇感到哪去了?

有时候,我环顾四周那些浓妆艳抹、皮肤裸露、奇装异服、玩刺身和嘻哈音乐、说话爱耍酷的现代年轻人,我就对他们即将失去的童年感到悲哀。我们的一些学生似乎已经错过了仅属于"孩子们"的喜悦。他们的行为常常很低俗,毫无礼貌可言。

如果大人想知道为什么现在的孩子总是表现不好,应该检查文化方面的教育,观察一下他们经常观看的电视节目。他们观看大部分喜剧时所发出的笑声都来自别人的牺牲。听一听他们音乐里的歌词：里面的暴力行为、容忍度低、没有礼貌也是一种常态。检查一下他们玩的视频游戏：孩子们模拟杀死和残害人民，以赢得分数。而且游戏的场景非常恐怖。当然，也有一些对孩子们积极向上的节目、鼓舞人心的歌曲和相对无害的视频游戏，但这些目前并不太受他们的欢迎。

今日头条中令人触目的都是些人与人之间的不人道行为。对商业小偷、不道德政治家和有缺陷主人公的报道在新闻中随处可见，我们的孩子会不断受到成人反面行为的冲击。

缺乏恰当的榜样，导致传统家庭破裂，不难理解现在的孩子们为什么抵触心很强。父母为了给孩子们提供更好的物质条件，工作强度更高、时间更长。同时这也意味着父母在家的时间更少，即使在家也不会有太多的注意力，与他们的儿女很少能吃一顿没有打扰的家庭晚餐。对一些家庭来说，大部分的传统仪式都是过去式了。总之，现在的孩子已经失去了一些重要的东西——家庭之间、共同历史之间和彼此之间的联系。

1965年以前出生的人们大概可以记住现在几乎绝迹的一种衣服，叫作游乐装。那个时候，孩子们从学校赶回家，换上游乐装。这种衣服的存在有一定的道理，因为孩子们平时有大量可以自由支配的时间用于外出玩耍。他们与兄弟姐妹、邻居和朋友玩游戏，游戏并不用组织得很有秩序，也不需要特殊的设备。没有制服、没有裁判、没有第9条合规监管，孩子们只是简单地玩耍。这个玩耍过程中却产生了很多变化，孩子们学会相处、学会合作、学会自行处理突发事件。

现在的孩子没有了游乐装，自然也就没有了玩耍的乐趣。有些孩子不能出去玩耍，是因为无人监管的区域对他们来说都不再安全；有些孩子不能出去玩，是因为课外补习班和课外活动占据了他们几乎全部的时间，没有多余时间留给玩耍；还有一些孩子选择不出去玩，因为他们更愿意玩电脑，或消极地坐在那里看电视或CD播放机，而不愿意实际地行动去做一些事情。

我并不是有意在这里对美国流行文化进行评论，但我想指出一点：现在的孩子缺少一个重要的社会化过程，出于这个原因，学校应该也是很苦恼的吧。

本章解决当今学生缺乏社会化和自我效能的情感问题，写作目的是帮助教师在课堂上建立一个充满关怀的团体。这一章的依据是经过时间考验的信念，为了让孩子们理解，他们首先必须要有安全感。利用认知转移和情绪之间的关系，并侧重于为教师解决社会学习的直接和间接问题。

教育界完全承认，学生进入学校之初并不会读书，教他们读书是教育工作者的责任。同样，当学生学习数学时，教导他们如何算题和解题也是教育工作者的责任。但如果来到我们这里的孩子不知道如何适当表现或自我激励，谁来处理那些拥有特定缺陷的孩子呢？

我的理念中，答案是每个人的工作。有些学生会比其他人更重视发展人际交往能力和处事能力，但所有学生都有机会从课程中受益，来磨炼自己的人际交往和他们的内省意识能力（社会学习）。

## 典型的课堂交流
## 班耶海德·昂德华（Bangyerhead Ondewall）中学：

老师注意到一个小女孩在哭泣，便问："夏洛特（Charlotte），你怎么啦？"

夏洛特回答："布莱恩（Bryan）告诉我，我戴上新牙套看起来像一个怪胎。"

老师对夏洛特说："你才不像个怪胎呢，别管他，拿出你的书。"可夏洛特还是一直哭泣。

老师恼火地对布莱恩说："为什么这样说夏洛特？我一直以为你们是好朋友。"

布莱恩耸耸肩："我只是跟她开玩笑。"

老师说："布莱恩，你怎么能称之为开玩笑呢？夏洛特说你伤害了她。你有没有注意到因为她戴了新牙套，她的自我感觉如何？"

布莱恩辩解说："我不知道什么地方得罪她了。"

老师说："她整个早上都一直捂着嘴，低着头，难道你没觉察到吗？"

布莱恩看起来很惊讶："我没有注意到！"

老师变得很恼火："布莱恩，你本应该觉察到的呀。你是一个非常聪明的年轻人。现在不要坐在那里，更不要告诉我你不知道夏洛特对她的新牙套感到很尴尬。"

布莱恩也开始发火了："我的确不知道！而且我也不知道这有什么大不了的。很多人都戴牙套。她又不会一辈子都戴着牙套！如果对她开个玩笑就找我麻烦，我也束手无策。别再纠结这件事了，反正我也不喜欢她呢，我总是招惹无辜的麻烦。我恨这个班级，我恨班里的每个人!"

如此这般……

这个情况中真正可悲的是,布莱恩说的的确是实话。他对夏洛特的反应和老师的责怪完全是一片茫然。对于他们的小题大做,他也毫无头绪。尽管考试成绩在班上名列前茅,但布莱恩并不善于交际。他并不是霍华德·加德纳(Howard Gardner)所说的聪明人。他不知道如何解读肢体语言或领悟别人的视觉线索,更不能设身处地地站在夏洛特的角度,看出她的感受。在这种情况下,他不愿意承担任何个人责任,宁愿放弃这段友谊,也不会想办法解决。最后,让自己的情绪失控,对此情况反应有点过激,布莱恩缺乏情商。

无论是夏洛特还是布莱恩可能都没有意识到老师想表达的动词变位信息,两个人都被刚刚发生的冲突所扰乱。在处理此情况时,老师最好能先使他们两个平静下来,让其他学生的注意力回归到学习上,但是这两个学生已经失去了这段学习的时间。

怎样做才能防止或至少减少这种情况的出现呢?当老师们必须不断解决争论和开小差行为时,在教学时间上又会出现哪些问题?

我认识一位教育学教授,他曾经告诉我一个很好的教学计划,那就是注意到课堂上任何有问题的行为。(是的,没错。就像一个精心设计的高速公路系统,需要照顾到所有的交通问题。)虽然好教学计划是绝对必要的,但任何时候只要有人参与,意想不到的事情总会发生,生活中和学校里同样也没有例外。由于教室里都是一些拥有不同经历、期望和情商的年轻人(以及中学生会受到荷尔蒙的影响),所以老师们无法预测、计划或控制他们的反应和相互作用，这就是使课堂有趣的原因！

教师可以采取积极行动，在学生中建立团队意识，这将有助于顺利解决班里日常出现的问题。教师还可以掌握一些处理突发事件的方法，最关键的是从一开始就必须形成一个充满安全和关怀的班集体。教师必须有针对性地处理学生的个性和集体共性的问题，培养他们的情感素养。

过去，当老师在课堂上抽出时间设计建立和谐的活动时，有时他们会被通知，最好不要偏离教学内容的主题，他们经常被告诫不要浪费宝贵的课堂时间处理情感问题。然而，他们坚持要在课堂上建立团结和协作的精神，因为在他们的经验中，花一部分时间加强班级的情感教育，将使学生们有更多的学习时间和更大的进步空间。他们不知道为什么有些学生似乎是天生的领导者或调解人，但他们意识到，所有的孩子都没有足够的能力共同学习，甚至独立学习。在霍华德·加德纳帮助教育工作者识别学生的智力水平之前，他们经常说，拥有人际沟通能力的学生能说会道（其实我自己的老师把我的天赋称作"祸害"）。

那些没有人际沟通才能的学生被斥为过于害羞或与社会格格不入。教育工作者说，拥有内省意识能力的学生能够自我实现和自我激励，如果没有这种能力，就会有不成熟或自卑感。教育工作者把亚伯拉罕·马斯洛（Abraham Maslow）的需求层次结构作为引导，帮助学生实现自我价值，但他们很少得到列表中数字3所陈述的内容。

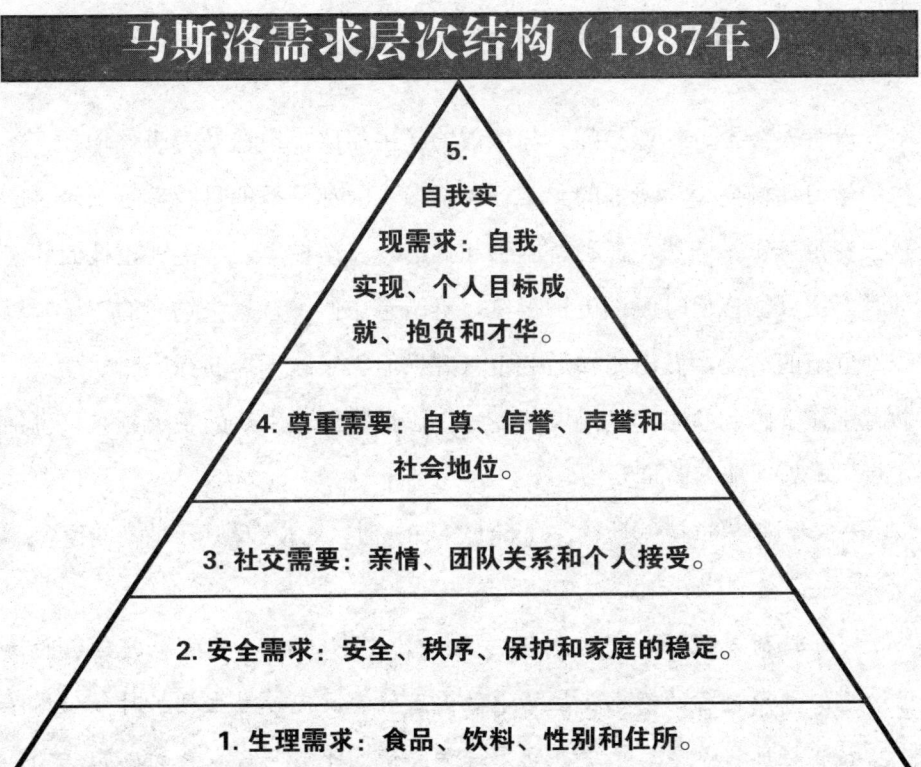

丹尼尔·戈尔曼（Daniel Goleman），《纽约时报》记者，根据他和别人的观察，最成功的人往往不是智商（IQ）最高的。他调查了由耶鲁大学彼得·沙洛维（Peter Salovey）和新罕布什尔大学约翰·梅尔（John Mayer）所做的研究，研究表明智商并非成功的决定因素。戈尔曼先生采访了美国各地的研究人员和心理学家，然后撰写了一本关于情商（EI）的开创性著作。根据他对美国学生的研究，戈尔曼发现，他们在遍布所有社会经济、种族和性别的社交技能中出现明显退化。

## 什么是情商？

没有人会告诉任课教师，与以前的学生相比，现在暴力事件增加，学生的学习动机变少，所谓的异常行为增多。大部分教师目睹着越来越多的孩子变得悲伤、茫然、孤独、困惑和焦虑。在学校里，学生评论彼此和老师时，比以往任何时候都更不得体、更敏感。似乎有越来越多的孩子难以识别危险的情况，做出明知道会带来麻烦但仍然改不掉的行为。然而，让教育工作者感到欣慰的是，戈尔曼先生已经验证在生活的各个领域（包括学校里）处理情感的重要性。

1996年采访约翰·奥尼尔（John O'Neil）时，戈尔曼阐述了情商的概念：

> 情商是聪明的另一种表达方式。这意味着一个人知道自己的情感，并用自己的情感在生活中做出正确的决定。发生挫折时，仍然保持积极性、希望和乐观，它是一种移情，能够了解别人的感受。它是一种社交技能——与其他人很好地相处，在人际关系方面能够管理情绪，能够说服和领导别人。

戈尔曼接着指出，人一生中的成就只有20％是智商原因，而拥有高智商的人不一定是有伦理道德的善良好伙伴、称职父母或对社会有价值的贡献者；另一方面，在一般情况下，情商高的人更快乐、更成功、更有社会责任感。通常，他们生活中对工作满意度更高，生活更和谐，并很少沉迷于某事。戈尔曼认为，很多教育研究者都一致同意，在影响一个人的最终成功方法中，情商与智商相比，同样重要。

哈佛大学心理学家杰罗姆·卡根（Jerome Kagan）（1995）认为，一个孩子生命中的前24个月对孩子情绪产生起着巨大的影响,他的研究清楚地表明,情商从童年到青少年的过程中可以教育和培养。许多人认为,大脑情感中心的神经有效期延伸到了十几岁。这对教育工作者来说是一个令人振奋的消息。很显然,教师可以在学生掌握他们所需要的社会和情感技能方面发挥有益的作用。

今天的学生中,有时还存在一个可怕的隐患——孩子心灵的抹杀。没有受到过培育或重视的孩子往往缺乏弹性和社交技巧。而好消息是,学校可以扭转情绪障碍的影响。教育工作者可以为所有孩子提供情感上安全的教室,通过加入一些有意设计的方法和活动,促进整体的智能水平和每一个学生的自我智能水平。

**所**有罪孽中最深的是对孩子的精神残害。
——埃里克·H. 埃里克森（Erik H. Erikson）

## 为什么情商很重要?

在过去的十年,大脑研究出现新的进展,给了教育工作者足够多的数据来支持他们的感观、认知和情感相随。鼓励信任、创造力、自发性、好奇心、喜悦感的学习环境,有助于培养更加积极进取的学生。研究表明,在开设情感素养教育（有时称为人格教育）的学校中,学生的表现更好,注意力更集中,并且所需要的训导也更少。政策制定者应注意,在这些学校中学生所取得的成绩分数往往也较高。

这些发现并不令人惊讶。通常情况下要求学生面对学习要保持乐观和积极的态度。显而易见，长期焦虑、愤怒或烦乱的学生是他们最担心的。他们记忆中心的关注能力有限，情感需求应优先解决。埃里克·詹森（Eric Jensen）（1998）认为，情绪驱动注意力、意识和记忆力。他还认为情绪是决策过程中的一个重要组成部分。报告中指出，由于最近在神经科学领域的三个发现，情商终于受到了人们的关注：

- 物理通路和情感优先的发现。
- 大脑中化学物质都涉及情绪的发现。
- 学习和记忆的通路和化学物质之间的联系。

在教育领域詹森先生和其他人现在相信科学能够解释为什么当孩子感到安全时，他们的思想就会徜徉，宽容心增强，交谈得到完善，人与人之间的联系也会加强。事实上，早在1916年就已经有过这样一个高瞻远瞩的行动号召，约翰·杜威（John Dewey）敦促教育工作者教育"全面儿童"。一直以来，老师们都在努力创造一个专注于学生社会、伦理和智力全面发育的教室。最终，有权威研究理论支持这一目标。

## 情商的基本要素

- 了解一个人的情绪
- 管理情绪
- 激励自己
- 认识他人的情绪
- 人际关系处理

## 了解一个人的情绪

孩子在自我认识过程中必须先学会自我尊重和尊严感,才能学会尊重他人的个性、权利和分歧。
——维吉尼亚·M. 亚瑟兰(Virginia M. Axline)

为了让个人有效管理情绪,他们首先必须意识到什么是情绪。许多学生都被教导要忽视自己内心的情绪。

我小时候,母亲常对我说:"别哭了,再哭就让你尝尝我的厉害!"

一遍又一遍地告诉孩子他们的情绪是没用的:"你不恨你的小兄弟!永远也不要再说了!"或者,"没错,你就是要去教堂。现在,立刻就去!"难怪学生来到学校就质问自己的情绪!

关于情绪这里有一个很简单的道理,五个字——情绪是什么?谁也没有权利告诉别人情绪是什么。让学生们知道,通过改变他们的想法,就能改变自己的情绪,这一点非常重要。无论他们是否选择透露自己的情绪,这是由他们自己决定的,但至关重要的是,他们学会承认自己的真实情绪,至少在自己的内心。

阅读一些人物自由表达感受的普通版图书,可以启动关于自我认识的讨论。还可以教给学生监测自身身体反应,如心跳加快、眼泪直涌、喉咙收紧、呼吸急促、出汗和胃痛,这些都是表达他们真实情绪的线索。

一旦学生学会承认自己正在经历什么,他们就可以决定如何表达它,处理它。日记、绘画、舞蹈、唱歌、写作、雕刻、说话和角色扮演都是让学生表达自己感情的可行方法。（就个人而言，我喜欢在西瓜上嵌入学校校长的照片，然后从高处把西瓜扔掉，但我不建议孩子们也这么做。）

能够把情绪标注出来是削弱它力量的第一步。学生应该了解有情绪并不意味着他们是可怕的人（例如，"现在我恨我最好的朋友，所以我一定是个可怕的人。"）。最终，学生可以学习改变自己的思维模式，掌握自己的情绪。

纳吉（Nagy）和纳吉（Nagy）（1999）建议教师要教导学生认识到"自己内心的最深处"。换句话说，教育工作者必须创造条件不断地提醒学生，他们本质上都很善良、可爱、讨人喜欢。当孩子对自己的负面情绪感到内疚时，重要的是他们要学会对自己说："即使不喜欢我最好的朋友，我也不是一个可怕的人。虽然现在很生气，但我也没错，因为我最好的朋友没有选我进入团队。我要提醒自己，我很在乎我的朋友，我应该重新调整对这种情况的反应。"

一种活动能够帮助学生学会认识情绪，也对情商的重要组成部分产生影响，被称为"发自内心"。

这是我一直以来最喜欢的课外活动之一，因为它可以在许多不同的情况下使用。

"发自内心"是一种分享情绪的安全简单的方法。它可以应用于所有学生，不管是个性害羞的还是需要一致关注的。使用过"发自内心"活动的老师们报告，学生变得更平静，焦虑减少，课堂参与度和学习效率也大大提高。重要的是在班级中形成关怀文化，老师与学生之间必须公开、真诚和坦率。同样，教师应直接鼓励学生，同时也要讲究技巧。

用"发自内心"帮助学生渡过以下困难时期，如：

——令人沮丧的时刻

——令人尴尬的时刻

——打架

——团队的损失

——盗窃

——小宠物的去世

——学生或教职工发生事故或去世

# 发自内心

**材料：**
毛绒动物玩具或毛绒心形靠垫。

**设定：**
参与者应围成一个圆圈坐下，负责人站在圈内。

**目的：**
该活动的目的是为了促进学生、教职工和需要一起工作的其他人之间的沟通。参与者交流各自的感受，倾听别人的感受。通过个人情感交流和倾听技巧的练习，增强合作。

**步骤：**
负责人坐在学生所围成的圆圈里（无论是坐在地板上或椅子上）。每次一个参与者分享他们的感受或想法，同时手里拿着毛绒玩具或靠垫。当一名学生完成分享时，他或她将毛绒玩具或坐垫传给下一个人。这样继续下去，直到每个人都有机会分享。负责人也应该分享，但注意不要控制整个活动。

| 课堂教学：一位美国老师的心得 | *Drumming to the Beat of Different Marchers*

**主题：**
一般来说，最好以学生感到"安全"的主题开始，如：
——我喜欢……的时候
——我最喜欢一个人的品质就是……
——我最喜欢做的事就是……
——我很高兴……的时候
当参与者彼此之间建立信任，在活动中更放松以后，可以探索更深入的主题。

**基本原则：**
1. 只有拥有毛绒玩具或靠垫的参与者才可以讲话。其他每个人都要积极倾听，并对讲话的人给予支持。
2. 每个参与者都有一次传递的机会，将玩具或靠垫传给下一个人。
3. 本活动中所分享的内容都是私人的！参与者应意识到，在"发自内心"活动中如果没有任何交流将离开这个小组。一切都必须保密。
4. 参与者不能出现垄断的行为，每个参与者都有一次机会。
5. 参与者应该只讲他们自己的感觉，而不是小组中其他人的感受。
6. 毛绒玩具或坐垫应轻柔地拿在手里，并轻轻地传给下个人。
7. 负责人也应该分享。

**我**们必须为每个孩子的日常生活创造机会，使他们能够体验胜任感、归属感、有效性、潜力和乐观的情绪。

——沙克(Sagor)，1996年

## 关于情绪管理

　　就像布莱恩（与夏洛特的情景中）会情绪失控一样，学生们有时应该用情绪控制自己的行为。当学生们能够承认他们此刻的情绪怎样的时候，他们就可以控制自己的情绪，而不会受情绪所控。极端的情绪很少有利于学习目标，伤害性或暴力性行为是绝对不能忍受的。教育学生利用建模、角色扮演、写作任务、阅读任务和讨论，适当地释放自己的情绪。

　　在学生中发起头脑风暴，找出受情绪所控，做出错误判断的反面教材（路怒症，参与校园暴力的学生）。老师们应该确保这些反面教材适合学生的年级水平和经历。然后问问他们，在这些情景中，如何做才更合适。向学生们强调，虽然每个人都有情绪，但接下来所做的却是自己的选择。同时提醒他们，虽然会不喜欢所做的选择，但至少可以选择最不愉快的一次经历，开始陈述即可。教育学生管理自己的情绪，帮助他们建立自尊心。

　　情商低的学生往往不会想清楚再行动或者拥有很多的满足感。控制情感（或冲动）的应对机制就是学会让自己保持一种愉快或平静的状态。就像冥想过程中重复一个积极的口头禅一样，学生可以学会在脑海中浮现一幅赏心悦目的场景，在心中响起一阵舒缓的旋律，或使用其他有效的应对机制。让学生们休息一段时间，使其慢慢平静。在心里默数10个数未必会有用；但心理学家说，让内心平静下来比较合理的时间期限是15到20分钟。

　　　　与爱管闲事的官僚打交道时，我通常需要15到20小时才能冷静下来！

　　教育工作者必须不断地提醒学生，虽然他们无法控制所有的情况，他们总能控制对这些情况的反应。帮助学生练习保持冷静，不管周围发生什

| 课堂教学：一位美国老师的心得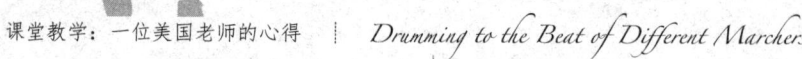

么事，老师们有时也需要这样的练习！

教育的秘诀在于尊重学生。

——拉尔夫·瓦尔多·爱默生
(Ralph Waldo Emerson)

情商低的学生往往会归咎于他人，须要帮助他们重新定义整个事件。重新定义是一个术语，意思是尝试从另一个角度分析问题。正如根据不同的框架类型和颜色重新构建一幅画，画面似乎就会有所改变一样，如果从其他角度考虑一种场景，也可以改变自己的视角和感受。在孩子生气她最好的朋友没邀请她进入团队的场景中时，可以首先回忆起，她很重视自己的朋友，然后尝试从不同的角度来看待这样的行为：

我最好的朋友真的很担心别人的感受。也许她是想挑一些不太受欢迎的孩子进入她的团队，并希望我能明白她的心意。

或者：

我朋友的公平感非常强烈。也许她是想让人知道，我们的友谊不会干扰她在选择团队时的公正性。

重新定义，让学生面对不同场景时不会产生负面念头或做出消极的价值判断。它是控制情绪的宝贵工具，老师可以帮助学生在假设情景或小组讨论中进一步巩固此技能。老师可以抛砖引玉，鼓励学生从不同的角度分析问题。重新定义需要练习，但它是一个长久技能，让学生终身受益。

未经你的同意，没有人会让你感到自卑。
——埃莉诺·罗斯福(Eleanor Roosevelt)

关于自我激励，我们不能总是为我们的青年创造美好的未来，但我们能够为未来造就我们的青年一代。
——富兰克林·D. 罗斯福
（Franklin D. Roosevelt）（1940年）

在培养学生中最重要的特征是自我效能感，相信他们可以影响自己的思想和行为。至关重要的是，老师帮助学生理解，他们可以改变自己心情的唯一方法是改变他们的思维模式。讨论和练习是影响他们有能力为自己情绪负责的有效手段。

**复原能力建设**

最近的研究探讨，为什么有着相似环境和经历的孩子却表现出不同的成长能力。研究人员认为，孩子成功的差异，在某种程度上取决于内省意识的另一个组成部分——复原能力。个人的复原能力很大程度上归因于一个人激励自己的能力，有些人能够面临巨大的挫折和失败，并且没有失去乐观，而有些人却被很小的逆境所击垮。老师可以帮助增强学生应对困难的能力。

复原能力建设（胜任感、归属感、有效性、潜力和乐观）需要这些老师们的努力：

- 为学生提供学业成功的确凿证据。
- 向学生展示老师重视班级的每一个成员。
- 进一步让学生们看到他们对班级所做的真正贡献。
- 使学生感到强大。

——沙克，1996年

## 归因理论

老师必须负责消除许多学生对无法控制自己未来的误解。当老师告诉学生他们是如何有才华和天赋，是破坏了学生的成功。这样做不经意间传达给学生的是，他们最终的成功是基于超出他们控制的能力，如与生俱来的天赋，这不是教育工作者需要传达的消息。

归因理论的主要研究者是威尔逊（Wilson）和林维尔（Linville）（1982），归因理论是指人们感觉导致或干扰某些任务成功的因果关系。研究人员发现，在一般情况下，人们将成功或失败归因于以下四个方面：任务难度、运气、天赋能力及努力。研究人员指出，前三个因素是受外因所控，如果学生认为他们的不成功是基于任务难度、运气或天赋能力，那么在本质上否定了在这种情况中所做的任何努力。同样，如果学生将他人的成功归因于这些相同因素，他们很可能停止努力，因为他们认为现在所做的对最终结果不会产生任何影响。只有一个因素，努力，是受内因所控。相信通过自身努力可以影响自己成绩的学生总是更加精力充沛和乐观。

为此，老师需要谨慎对待自己的用词。比如，在课堂上一位老师对学生说："杰里米（Jeremy），你是一个天才艺术家。真有才！哇！我都不会画这样的画。有这样的天赋真幸运。"这些对杰里米说的话，班里的其他学生也会听见，他们会理解成要画出这么优秀的图画，唯一的办法就是天资聪颖。如果学生觉得他们没有这样的能力，他们为什么要尝试呢？

这些话会更好："杰里米，你一定为你的画感到骄傲吧。完成这幅画花了多长时间？哇！你一定花了很多的时间和精力，不是吗？当你全力以赴干一件事时，什么奇迹都会发生的。"在这些陈述中，老师说的话有利于在场的每一位学生，言外之意就是大多数事情都是通过辛勤工作才能取得成功。这绝对是一个教育工作者应该传达给学生的信息。

**未来的憧憬**

如果老师委婉地（或有时很直接）告诉孩子他们将永远不会有出息时，就会剥夺所有学生所需要的最关键因素。学生们希望：每个人都一样。一些教育工作者清楚地告诉学生，他们注定要失败，当学生自暴自弃时他们又不知所措，这是一种令人难以置信的矛盾，你是这种老师吗？

在我小时候，母亲给我一张小卡片，上面写着：

## 幸福的本质

有所爱
有所谓
有所期待

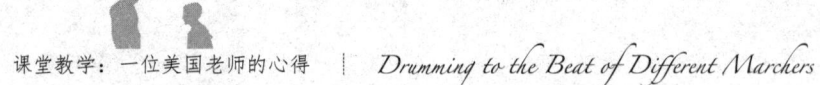

在我的记忆里,我把这些话贴在触手可及的地方,反复诵读。这三句格言对教育工作者的影响很大,因为他们为学生设计了一些促进他们人生价值观的课程和环境。在建设课堂团体时,教育工作者必须先树立一个充满爱的环境,密切注意对学生的要求,并确保学生对未来充满憧憬。

## 关于他人情绪的认知

老师可以帮助学生学会善待对方。从提高学生的认知度开始。通过移情,一个人必须首先意识到其他人的感受。在不善于社交的孩子中,他们缺少的基本特征之一就是有效利用非语言的能力。一些学生(如前面情形中的布莱恩)不会利用面部表情、手势、个人空间、姿势、语气、声音、穿着和个人仪表表达自己的情感。这些不当的社会行为归因于难语症,即阅读或表达出现困难。内心和外表的不同步,使聪明好心的孩子往往对同龄人的拒绝感到非常不解。

学生可以学习解读另一个人脸上的表情,这是移情中的一课。练习期间,借此鼓励学生模拟情绪,解释他人的情绪,有助于更加直观地觉察到他人的感受。他们可以练习哑剧,解读七个普遍的面部表情:愤怒、恐惧、悲伤、厌恶、惊讶、快乐和尴尬。教师可以让学生观看无声影片,然后组织学生以小组为单位来推断人物的情绪。随着学生变得越来越善解人意,他们就会形成相应的思维模式,慢慢学会照顾和关心所有的人和动物。

## 关于人际关系的处理

　　孩子需要爱、被爱，并感觉受到重视。当孩子觉得安全、放心和快乐时，他们不太可能用行动发泄，有破坏性行为，或者伤害他人。在充满关心的教室团体中，能够使他们更安全、更冷静、更快乐。毫无疑问，老师必须是礼貌行为的典范，对学生的态度要体贴入微。为了让他们得到安全感，学生必须首先感受到被爱和被重视。

　　关于格言的有趣推论是，如果孩子们的情绪很健康，他们也一定能给予爱。建立一个充满爱心的课堂团体，需要学生积极参与到给予和接受关怀和尊重的活动中。

　　　　老师常常对如今小学生社交能力的快速退化表示担忧（为澄清这一问题，我邀请他们观察学生家长在球赛、聚会之类的行为）。学生们之间的傲慢关系似乎是这些场景的升级。学生们在互动时，往往表现出不信任、不尊重，甚至是蔑视。在反社会行为弥漫的地方，爱心教室怎么能存在。

　　美国企业发出了一个明确的信息，他们希望学生被教导要独立思考，能够胜任团队合作的工作。老师不仅要教会学生如何进行创造性思考，还要教孩子如何与人交往，学生需要学会做一个聪明的人。他们可以学习必要的技能，但这需要时间，需要学校和老师的精心策划。

## 关于教室的团体建设

许多老师设计课堂管理方案时都强调要更多的学生团体参与其中。他们利用团队建设活动，建立信任、相互依存和参与。

我在新班级做的第一件事就是坚持让他们记住对方的名字或其他特征。老师们可以利用以下三项活动，帮助学生们了解对方。

### 名字游戏

在姓名游戏中，每个学生完成一个迷你的名片。可以使用本书后面的模板，或者自创一个模板。学生们在卡片背面写上自己的名字。接着，粘贴卡片，并告诉学生第一项任务是将他们同学的名字与信息卡相匹配。把同学名字单独列表，以帮其正确拼写。

这项活动也可以作为家庭作业，促进学生们在公交车上、在饭厅里和在课堂之外（以及课堂上）的相互交流。

**名字游戏**

a. 您最喜欢做的事是什么？

b. 班里其他同学都不知道有关您的一件趣事是什么？

c. 除了这里之外，您还在哪些地方居住过？

d. 您所做过或见过的最不同寻常的事是什么？

e. 该教室里的同学应该对您有哪些了解？

f. 您喜欢哪种类型的音乐？

g. 您最喜欢的电视节目是什么？

## 投掷气球/球

学生们站成一个圈,然后在圆圈里投掷空心球。接到的人必须说出向他扔球人的名字。在炎热的天气里,用水球将使游戏更加有趣!

## 实话实说

学生说出自己的名字,然后再用三句话介绍自己。其中两个陈述必须是真实的,一个陈述是谎言。其他同学猜哪个陈述是谎言,这能有效地介绍一些观察和推论、事实和虚构的方法,或其他课程目标。

学生记住同学姓名之后,老师还必须鼓励他们进一步对其进行巩固。可以尝试以下技巧:

- 为每个班级成员拍照,用大家的照片和名字做一张海报。在各种活动和评论中使用海报。
- 要求学生在彼此说话时使用对方的名字。老师首先应做个示范【例如,马克(Mark),我认为这是个好主意。希拉(Sheila)刚才说了什么?我可以排在莎梅卡(Shameka)之后吗?兰迪(Randy)和托马斯(Thomas)已经一轮了,下一个可以是我吗?】。
- 指定一个学生的名字,如果其他人在测试或家庭作业中出现他或她的名字,给予加分项。
- 让每个学生制作一个三角形支架卡(卡片纸折叠成三角形),学生可以写上自己的名字,可以以任何喜欢的方式装点卡片,在所有讨论、活动中必须将其展示出来,有时间的话,老师可以将卡片打乱,并找一个学生自愿将卡片放在正确的位置。还可以来一场计时的比赛活动。

- 任何人都不要接受代词"他"或"她",直到学生们正确辨认他们所指的人。

随着教室团队的发展,继续举办一些需要信任和尊重的活动。

洗车是我最喜欢的活动。在我的教室团队中,往往会有一些学生找我低声说某同学需要一次洗车。他们有时甚至趁我不在,自己启动洗车活动。

---

### 洗车

学生排成两条平行线,面对面彼此靠近。其他人向一个学生递水(两条线之间),每个人都要说出称赞、喜爱和鼓励的话。在洗车结束后,语言支持最终产生了一辆闪闪发亮、充满快乐的"车"!

每次有一两个学生在洗车,而不是每个人都在埋头洗车。这种做法可确保洗车者的反应新鲜、私人和充满热情。

---

有一天,我在学校度过了"非常、非常、非常糟糕的一天"。我被叫到办公室,当回到教室时,我的六年级学生已经在排队给我"洗车"。不用说,我糟糕的一天很快成了最好的日子之一,也是我最美好的回忆之一。

低情商孩子的一个常见问题是即使他们的言行已经伤害了其他人,却拒绝承认错误或真诚地道歉。正如布莱恩辩解对夏洛特的伤害,"我只是跟她开玩笑",很多学生不理解他们攻击性行为的代价。一个真正有启发性的活动叫作IALAC，帮助学生解决此问题。

这项活动已经持续好几年了，但我第一次是从坎菲尔德（Canfield）和韦尔斯（Wells）的书《课堂上提升自我概念的100种方法》（100 Ways to Enhance Self-Concepts in the Classroom）中学到的。

## IALAC

每个学生都有一张写着大写字母IALAC的纸条和一个印有他或她名字的塑料袋。老师应告诉学生们5个字母代表了一句话，即"我既可爱又能干"。向学生解释：课堂上每个人度过的每一天，心里都应该想着自己是一个可爱又能干的人。教室里任何人都没有权利减弱他人的这种感受。老师向学生解释说，一句话、一个眼神或者一个手势就可能拿走别人感受可爱和能干的能力。

在活动期间（通常是一天），学生携带或佩戴着写有字母的标志。每次觉得有人影响到自己的情绪时，就可以撕下一块标志（小块表示小违规，大块表示真正伤人的话），并将纸块给予冒犯者。冒犯者什么都不能做，只有接受，并将纸块放进他或她的塑料袋。

在活动结束后，学生们可以讨论一下得不到尊重的感觉如何，不得不接受别人纸块的感觉如何。

### 使用IALAC的小贴士

- 在活动开始之前，对活动角色扮演，在全班面前进行演示。
- 在没有与学校其他教职工商议的情况下，不要让带有标志的学生走出教室。

曾经有一位愤怒的老师，拿着一把纸片到我的班里，质问我的学生为什么给她纸片。我忍住笑向她解释我举办的活动。但显然，她疯了！

- 此活动的后续行动是教学生如何真诚道歉。教会学生对自己的行为负责,并了解如何弥补他们的冒犯。

对于已经实现社会学习的大型项目,中级教育协会推进的咨询项目,可行做法网络儿童发展项目【刘易斯(Lewis)、沙普斯(Schaps)和沃森(Watson),1996】,或大量针对幼儿园到一、二年级儿童教育的性格教育课程正在落实到位。所有这些项目都设有规定的活动,培养学生积极的人际沟通技巧。

## 课程衔接和社会学习

当教育工作者在建立关怀教室时,必须记住:如果把社会学习当作一门一周两次或特殊探索的独立课程,那么学到的东西就没有一点用。社会学习具有跨课程的特点,与学校文化相融合。它应该与认知标准一样得到重视,由课程结构和教学方式支撑。

罗伯特·塞尔韦斯特(Robert Sylwester)(1995)认为,老师应该利用多元认知活动,促进社会交往活动,提供情感方面活动,将社会学习纳入课程。它提醒老师应该避免情绪紧张,承认情绪和健康之间的关系。

第三部分 按自己的节奏来

学习空间需要舒适的环境，使学习成为一件轻松的事情，像暴露无知、试探性假设、极具困难的虚假或部分信息、思想的相互批评，反而使痛苦的事情成为可能……【所有这些】在人们受到威胁或产生疑问的环境中都会发生。

——帕克·J. 帕尔默

社会学习和学科学习之间的连贯衔接应该用一种自然而又有意义的方式。在日常和单元教学计划中，所有学科的老师可以有意加强：

- 自我意识
- 个人决策
- 管理情绪
- 处理压力
- 移情
- 沟通
- 自我揭露
- 洞察力
- 自我接纳
- 个人责任
- 自信
- 群体动力
- 解决冲突

埃里克·詹森（Eric Jensen）（1998）赞同如果所有教师和学生共同努力，参与小组展示，参加当地的学徒实习机会，并执行社区服务学习项目，那么整个课程都可以提高学生的情绪素养。他还支持学校和班级举行更多庆祝活动，使用更多精心设计的仪式，并专注于新的或有争议的情况，引起学生们的学习兴趣。他认为，作业、课堂结构、学科选择和精心设计的结果可以植入社会学习。

学校应该对每个学生进行情商教育。老师和工作人员需要花时间精心打造学生们的团队意识和个人情绪。有人说，孩子平均每天会笑几百次，而成人平均每天只会笑十几次。越长大越不如前，真让人遗憾，因为对笑声的研究证明，笑能够放松身体，降低血压，增强免疫系统，切断应激激素，并产生正确的观点。每个人每天至少都需要一次幽默和嬉闹。因此教育工作者应该在工作中表现出轻松愉快的状态，并帮助他人找到内心喜悦的感觉。

- 播种思想，收获行为
- 播种行为，收获习惯
- 播种习惯，收获性格
- 播种性格，收获命运

**关于幽默的小笔记**

情绪健康教室为所有人建立安全的环境。这里是一个充满惊喜、欢乐、幽默和嬉闹的地方。有些人担心，笑是一种失控的信号，容易造成环境混乱。事实并非如此，笑是一种软化剂，有助于保持注意力、建立融洽关系、促进创新、提高积极性，并增强记忆力。富有同情心的幽默可以增加归属感，增加学习中的乐趣。学生在学习过程中迫切需要快乐。

第三部分 按自己的节奏来

在我们几个老师感叹可怕的跟车值班后（我们在南方忍受了几个星期超级寒冷的天气），赋诗一首，送给我可爱的老师同行们。我们依然对跟车的责任感到寒冷和恼火，但至少可以置之一笑。

使命的召唤

你穿上法兰绒内衣，
裹上三双袜子。
你翻箱倒柜，
终于找到长筒靴，
你穿上两条羊毛裤，
一件毛衣和衬衫。
你又加上一对针织手套，
耳罩保护耳朵不受伤害！
你穿上羽绒大衣，
戴上毛皮帽。
你口袋里装上几瓶酒，
最后，戴上围巾。
现在整装待发，
却是他们窃笑的目光。
他们叫你"北方的北极熊"
而从椅子上跳下来。
当你的鼻子暴露于空气中，
你猜他们永远也学不会，

这些装备都是多么需要。

当跟车值班轮到你时!

## 推荐阅读书目

大卫·戈尔曼:《情商:为什么比智商更重要》,纽约:矮脚鸡出版社,1997。

瑞秋·凯斯勒:《教育的灵魂:帮助学生找到连接同情心和个性的学校》,亚历山大市(美国弗吉尼亚):视导与课程发展学会(ASCD),2000。

戴安娜·罗曼斯等:《笑的课堂:寓教于乐》,蒂伯龙(美国加利福尼亚州):H.J.克莱默公司,2002。

罗伯特·塞尔韦斯特:《神经细胞的庆典:一位教育者对人脑的指南》,亚历山大市(美国弗吉尼亚):视导与课程发展学会(ASCD),1995。

兰迪·汤普森、多萝西·范德贾格特:《燃烧吧!学习中激励和挑战学生主动学习的项目和活动》,纳什维尔:激励出版公司,2002。

兰迪·汤普森、多萝西·范德贾格特:《哇!多棒的团队》,纳什维尔:激励出版公司,2001。(注:本书第二版由世界图书出版公司和激励出版公司2014年再版。)

# 第八章
# 把爱传出去

但我对学生的职责还没有完成

*Drumming to the Beat of Different Marchers*

课堂教学：一位美国老师的心得

## 一位教师的职责

——黛比·西尔佛

睡眼惺忪中，你看了下钟表
难道这是清晨的阳光吗？
作业堆在那里还未批改
课程计划也未完成

今天早上你必须抓紧时间
你要准备上课资料
还要指导一位实习教师
监督人会在那里！

昨晚你坐在毕业班里
想着到期的项目
需要电话通知的家长们
唯独没有时间留给自己

你大声喊道"我受不了了"
可你还是跑向学校
"时间太少——任务太多"
"我到底在哪里？"

你要发起糖果义卖
安排要发出的资助
你要重新编制学校的标准
这何时才能结束？

一名学生在门口等你
他的脸上挂着泪珠
"我想跟您谈谈"，他说，
"请让我进去吧"

规定编写的论文
数量如此之多！
这绝不是你愿意选择的生活——
也不是你梦想的工作

你把手放在他的脸上
内心快要崩塌
所有的事情都抛在了脑后
你的职责是"孩子第一"

## 考试成绩不是最最重要的

教学是一门要求很高的职业，教师讲课时必须照顾整个教室中不同学生的节奏。有人曾把给整个教室的学生上课比喻成"开车换轮胎"。有时真的很痛苦。除了这些已经繁重的工作，全国人民对于考试比赛的狂热也加重了教师的负担。（波帕姆，2001）

2002年6月，美国教育部长罗德·佩奇签署了一项长达66页的报告，批评教学工作过度重视教学方法，不重视教学内容。他暗含的意思是说学校本应该多雇些课程专家，而不是只有教育学位的毕业生，他关注的似乎只是提高学生的考试成绩。

不知怎地，政策制定者已让公众相信，孩子们应该接受全国成绩考试、考试结果高低以及各个学校高分比例的对比管理。他们已经成功地向公众兜售了这种观点：教育者只需要测试那些容易测量的东西（标准化的目标考试中独立的技巧和事实），无须测试学生如何将高水平的思考运用到解决实际生活问题中。

高风险的测试结果不断被滥用，维护了这样一种神话：分数高意味着教学质量高。但这样的话，教师怎么能教会学生长期的性格养成和生活技巧呢？对于那些可以通过其他方式成功的学生怎么办呢？这种成功何时能与他们四年级考的低分达到平衡？那些需要多花一些时间才能进入更高难度课程学习的学生怎么办呢？学生成绩不好对七年级和八年级老师会带来不良影响吗？谁会因为学生的最终成就受到好评呢？决定有效教学的构成远远没有那么简单，不是找个权宜之计就能让大众相信的。

此外，教师怎样才能处理这种两难的局面呢？因为如果努力让学生得高分，就会毁掉学生对于某些课程的热爱以及他们成为终生学习者的好奇心。若要深入衡量美国对于高风险测试的痴迷给教育系统带来的影响，请看詹姆斯·波帕姆的著作《考试的真相：一名教育者的行动召唤》：

> 要想提升学校水平，教育者们必须既重视心智教育，又重视艺术教育。当我指导教师课堂时，我一方面看学生的考试成绩，另一方面看学生的作品，将二者结合作为整体情况。我会观察教师与学生的交流情况，也会留意学生之间互动的情况。我会要求阅览教师写给学生以及学生写给教师的评语（或者贺卡、图画、纸片等）。我经常采访学生，问他们在课堂中的感受。只有将这些定量资料和定性资料结合起来，我才能判断教学水平的高低。我认为，所有的课堂评价都应遵循上述流程，而不应只看考试成绩。

## 改变世界

在电影《把爱传出去》中，一名教授社会课程的教师让学生写一个改善世界的计划。12岁的特雷弗·麦金尼很认真地完成了任务。他设计了一个计划。按照这个计划，他将无私地为其他三个人做一些善事。他不要求这三个人回报他，而是要求他们"把爱传出去"（即，他们每人为其他三个人做些善事）。如果每个人都能继续传递爱心，按照数学累进原理，结果会非常惊人，人们很快就能感受到世界的变化。

这部电影非常感人，它让我意识到教师为什么那么独特。每一天，我们都要把爱传递出去！作为一名教育者，我们把自身的东西传递给我们的学生，把时间、精力、才智都投入到年轻的学生个体中，希望这些年轻人能继续把这些东西传递给世界。

教师对学生做出的这些无私举动中，很少会得到回报，甚至连结果都没有。但教育者依然继续以无法衡量的方式，在我们预测不到的未来不断投入。

针对学生的学业进展情况，标准化考试能立刻给出一个结果（通常并不可靠），但没有一种考试能衡量教育者完成其教育使命的情况。教育者拥有的是一种信仰，他们持续地给予，并且期望他们的行为能产生永久的影响。

但教育者自己并不经常谈起这种影响。比起谈论这种令人敬畏的职责和他们对于未来世界的终极责任，他们更容易被淹没在世俗的工作中。

我们应该有更多值得庆祝的东西！我希望在进入教室休息室的时

候听到有人说:"我认为今天我触及了生命。"

或者:

"今天我真正做到了跟以往不同。"

或者:

"今天她的同学为她起立鼓掌,你真应该看下她脸上的表情:她简直无与伦比。"或者,"太好了,我认为我们可以跟这些家长结成盟友了。"

## 庆祝成功!

我不知道教育者们在认同和庆祝他们的工作时为何那么犹豫不决。我曾经为一个非常有名的、员工全是女士的公司(主要是为了资助我的教学)销售化妆品。当我们开销售会议的时候,我们欢呼、歌唱、分享成功故事,在销售限额方面相互支持,整个会议都充满了鼓舞人心的事件。

周一晚上振奋人心的销售会议开完后,我就去学校教书、参加周二下午的教师会议。多么鲜明的对比!会议上,我们做的是两个游戏:"这糟糕透了吗?""如果你认为你很糟糕,看看我吧!"

我一直无法想明白，在我们庆祝成功的会上，我们谈的基本是化妆品销售；而在讨论我们国家未来的地方，我们除了牢骚抱怨以外毫无作为。

这种情况必须改变！教师会议应该成为教师分享在提升学生能力方面的创新、成功、进展、分享与学生家长积极沟通的经验、分享教学领域的趣事的地方。如果教师希望把爱传递下去，那么他们需要在主要的教学工作中相互支持、分享成功经验，并相互鼓励。在《如果你不喂饱老师，他们会吃掉学生》一书中，内拉·康纳斯博士（Dr。Neila Connors）做了一项漂亮的工作，她列举了一些管理者可以做到的简单事情，通过这些事情可以培养上面说的氛围。

开始从事教学工作一段时间后，教师一般会有关于自身生活故事以及感动他们的生活故事。这样，这些新教师就有东西可讲了。

我依然记得大卫的故事，他是我在教书第一年遇到的学生。

## 大卫的故事

像大卫这种孩子，每位教师都可能遇到过。他在教师眼中是"有点危险"的学生。他不仅敌视他人、经常打架，而且性格乖戾，拒绝别人的接近。

我可以把大卫的故事讲得让人潸然泪下，但我没必要那么做。因为你可能曾经见过，也可能将会遇到这样的孩子。他穿着邋遢，牙也不刷，平时很不讲卫生，但他在过去7年内遭遇了太多不幸，甚至超过了大部分人一生经历的不幸。

一位同事告诉我，不要因为大卫抗拒被人接近而感到感情受挫，像他这种孩子，其实已经感情"破产"了。因为，所有他曾经深爱、信任的成年人都伤害过他，或者让他失望过。所以，他认为保护自己的最好方法就是跟人保持距离。

为了接近大卫，我试遍了所有方法，但他依然坚定地保持敌对态度。我跟他似乎无法产生共同语言，但我也跟他一样固执。我坚持当他的支持者，并给予他"严厉的爱"。

我的方法最终奏效了。

那天是我的生日聚会，其他学生都去吃午饭了。大卫递给我一张十分破旧的一美元纸币。他说他的妈妈没有车，所以没法去商店买礼物，只能把这一美元作为礼物。看着他身上破旧的衣服，我真想把钱还给他，但我认真地想了想，并看到了他眼中的自豪感。我把钱接了过来，然后说："大卫，谢谢你！这正是我想要的礼物，我会永远保存着。"他欢快地从我面前跑向了餐厅，自豪地向其他同学说，你们送的礼物都不对，老师最喜欢的是"现金"。

我和大卫的关系持续了很多年。他成为青少年的时候，曾被控犯有重罪。当他被逮捕的时候，他利用唯一的打电话的机会给我通话。在电话中，我不断地告诉他："我永远都相信你，我会永远支持你"。虽然我无法阻止他被判在州监狱中劳役，但我能够在他服刑期间跟他通信，告诉他我无条件支持他，相信他可以取得最终的胜利。

后来，大卫在监狱中取得了普通同等学历证书。他把证书寄给我，并在信中说"我做到了"。几年后，他出现在我家门前，旁边站着他的妻子和两个漂亮的女儿。他告诉我，他一直想让他的家人见我一面，因为只有他的老师相信他。

教育工作者都有类似的故事。通常，教育者们能因材施教时，是他们最珍惜的时刻，因为这时候教师的表现发挥得最好。在《把爱传出去》这部影片中，人们在努力让世界变得更加美好时，容易犹豫不决，特雷弗·麦金尼对此发出了深刻的思考：

我认为事情原本可以不同，但一些人根本不敢这么想……我猜有些人已经习惯了事物本来的样子，即使这些事物很糟糕，他们也不愿意去改变，因为他们早已选择了放弃。他们都放弃了，所有人都输了。

这跟教学是相通的。教育者们必须不断寻找能够影响长远的事物，他们必须愿意改变无用的事物，找到有用的事物。
永远不要放弃，不断把爱传出去。
教育者们必须因材施教，因为从长远来看，这才是最重要的。

## 一个节奏不同的人

**黛比·西尔佛和蒙特·塞尔比**

找到孩子们的节奏，你就抓住了孩子的内心
他们的步伐、舞步，还有相伴的歌声
但还有一份更好的旅程，充满了更多困难
它很奇特，又充满了机智
这就是因材施教

| 课堂教学:一位美国老师的心得 | Drumming to the Beat of Different Marchers

博比喜欢按自己的节奏做事
杰佛里擅长阅读,但他不会算数
肖娜早起每小时跑90英里,
经常找不到书或者铅笔的,就是本了

过度活跃、阅读困难、班级小丑、非阅读者
上层社会、没地位、学生分心、行为可鄙的人
小阿提是一个挑战;马丁是一个梦想
这些我们都见过,这些也需要被看到

找到孩子们的节奏,你就抓住了孩子的内心
他们的步伐、舞步,还有相伴的歌声
但还有一份更好的旅程,充满了更多困难
它很奇特,又充满了机智
这就是因材施教

桑迪在慢班,她是一个成绩低下的学生
她弱小又沉默,也不是班干部
手里握着画笔,她能画出自己最了解的东西
但标准化考试没有为她的绘画留出一片天地

芭蕾舞演员、砌砖匠、生物化学家、球类运动员
卡车司机、乐队指挥、歌剧主角、屠龙英雄

有的孩子有机会做出不同的选择

为了把他们的所知表达出来，他们必须勇于发言

找到孩子们的节奏，你就抓住了孩子的内心

他们的步伐、舞步，还有相伴的歌声

但还有一份更好的旅程，充满了更多困难

它很奇特，又充满了机智

这就是因材施教

内省的、夸大的、缩小的、受批判的

圆形的洞、广场生活，没有多少妥协的空间

有一首尚未写好的歌曲

是为每一个孩子准备的，我们会听吗？

找到孩子们的节奏，你就抓住了孩子的内心

他们的步伐、舞步，还有相伴的歌声

但还有一份更好的旅程，充满了更多困难

它很奇特，又充满了机智

这就是因材施教

© 2002年，Toto Tunes（作家与出版商协会）和街头歌手音乐（广播音乐联合会）联合出版，蓝水音乐执行出品，版权所有，未经许可，不得使用。

## 推荐阅读的书目

贝格·朱莉:《当一个同学死去》,法戈,北达科他州:草原出版股份有限公司(Prairie House),1991。

康纳斯·内拉:《如果你不喂饱老师,他们会吃掉学生!——管理员和教师的成功指南》,纳什维尔:激励出版股份有限公司,2000。(注:这本书的第二版由世界图书股份有限公司2014年出版。)

科里根、格蕾丝·乔治:《克里斯塔的日记:太空中的教师克里斯塔麦考利夫》,林肯,内布拉斯加州:内布拉斯加州大学出版社,2000。

波帕姆·W. 詹姆斯:《考试的真相:一名教育者的行动呼吁》,亚历山大市,弗吉尼亚州:美国视导与课程发展学会(ASCD),2001。

约翰逊·戴尔、邦妮·约翰逊:《孤注一掷:孩子、考试和美国学校的失败》,拉纳姆,马里兰州:罗曼和利特菲尔德出版股份有限公司,2002。

惠特克·托德、贝斯惠特克:《教学之重:激励和鼓舞自我》,拉奇芒德,纽约州:《眼观教育》,2002。

# 第四部分 附加材料

制定行动规则需要的工具

按120%比例和8.125×11尺寸复制本页，与46页的活动一同使用。

# 行为解释计划

学生姓名_____

年级/阶段_____日期_____

我违反了我们班的规则是因为:_____
_____
_____

我选择这个来做是因为: _____
_____
_____

一个更为令人欣赏的选择将会是: _____
_____
_____

这是我对已经发生的事的感觉: _____
_____
_____

这是我将来计划要做的，来制止我行为中循环出现的问题: _____
_____
_____

这是我对已经发生的事的感觉: _____
_____
_____

日期_____学生签字_____

教师评价: _____
_____
_____

| 课堂教学：一位美国老师的心得 | *Drumming to the Beat of Different Marchers*

按120%比例和8.125×11尺寸复制本页，与47页的活动一同使用。

# 个人行为规划

学生姓名 _____

年级/阶段 _____ 日期 _____

学生长期目标: _____
_____
_____
_____
_____

学生短期目标: _____
_____
_____
_____
_____

要想实现预定目标，学生应做些什么? _____
_____
_____
_____

老师如何帮助学生达成预定目标? _____
_____
_____
_____
_____

父母或其他有责任的成人如何帮助学生达到预定目标? _____
_____
_____
_____
_____

第四部分 附加材料

按120%比例和8.125×11尺寸复制本页,与47页的活动一同使用。

如果学生未能达到预定目标,将会有什么后果?

第一次:_____
_____
_____

第二次:_____
_____
_____

学生达到预定目标之后会得到哪些正面评价?_____
_____
_____

如果学生在(插入时间阶段)能够保持其预定目标,那么老师将会给出哪些正面评价?
_____
_____
_____

日期 _____

学生签名:_____

老师签名:_____

父母或者他人签名(可选)_____
_____
_____

评论及日期:_____
_____
_____
_____
_____
_____

| 课堂教学：一位美国老师的心得 | Drumming to the Beat of Different Marchers |

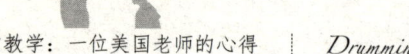

按120%比例和8.125×11尺寸复制本页，与48页的活动一同使用。

# 盘点存档

1. 您的全名是什么？_____

   您想让别人叫您什么？_____

   为什么？_____
   _____

2. 用十个词语对自己进行描述。
   - _____
   - _____
   - _____
   - _____
   - _____
   - _____
   - _____
   - _____
   - _____
   - _____

3. 列出家庭成员名单，并对每个人用两个词进行描述。
   _____
   _____
   _____
   _____

4. 您觉得5年之后的自己将会是什么样子？
   _____
   _____
   _____

5. 自由时间做的活动中，您最喜欢哪项？
   _____
   _____
   _____

6. 生活对您提出的各项要求中，您最不喜欢哪项？
   _____
   _____
   _____
   _____

7. 您最好的朋友是谁？为什么？
_____
_____
_____

8. 您和您的朋友有哪些共同点？
_____
_____
_____

9. 您最擅长哪些事？
_____
_____
_____

10. 在学校，您最喜欢做什么？
_____
_____
_____

11. 在学校，您最不喜欢做什么？
_____
_____
_____

12. 您最喜欢什么书籍或电影？为什么？
_____
_____
_____

13. 如果您能改变这所学校，那么您将做出哪些方面的改变？
_____
_____
_____

14. 如果您是本班的老师，您会制定哪五项规则？
   a）_____
   b）_____

按120%比例和8.125×11尺寸复制本页，与48页的活动一同使用。

c) _____
d) _____
e) _____

15. 您最好的朋友是谁？为什么？
_____
_____
_____

16. 您和您的朋友有哪些共同点？
_____
_____
_____

17. 您最擅长哪些事？
_____
_____
_____

18. 在学校，您最喜欢做什么？
_____
_____
_____

19. 在学校，您最不喜欢做什么？
_____
_____
_____

20. 您最喜欢什么书籍或电影？为什么？
_____
_____
_____
_____
_____

按120%比例和8.125×11尺寸复制本页,与67页的活动一同使用。

# 我眼中的孩子

将孩子的名字填写到中间格子中。在名字周围空间填写描述孩子的词语。最重要的方面填写在离中心最近的地方。您可以选择使用优点词汇表的单词,或用自己的词汇。填满表格之后,展示给孩子看。

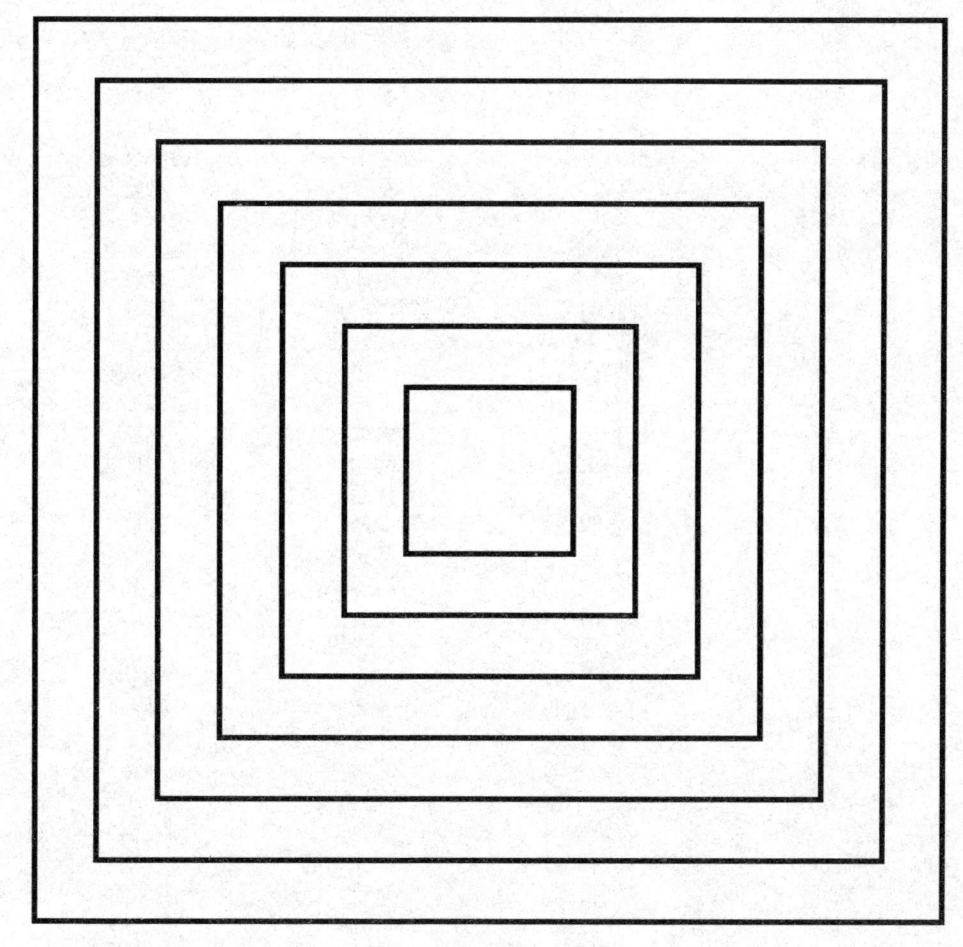

课堂教学：一位美国老师的心得　　Drumming to the Beat of Different Marchers

按120%比例和8.125×11尺寸复制本页，与68页的活动一同使用。

# 我眼中的孩子

在"我眼中的孩子"部分使用该词汇表。该词汇表能够帮助您开始填写。确保填写的单词中包括描写孩子在精神方面、心理方面、身体方面以及情感方面优点的单词。

| 精神方面的优点 | 心理方面的优点 | 身体方面的优点 | 情感方面的优点 |
|---|---|---|---|
| 浪漫 | 投入 | 平静 | 谨慎 |
| 繁忙 | 意志坚定 | 组织者 | 自信 |
| 善良 | 积极 | 机智 | 孜孜不倦 |
| 风雅 | 善于理解 | 尽心尽力 | 勤勉 |
| 仔细 | 遵守纪律 | 自然 | 体贴人 |
| 有说服力 | 自力更生 | 发号施令 | 善于表达 |
| 友好 | 有毅力 | 宽容 | 稳定 |
| 温文尔雅 | 灵巧 | 目标明确 | 说服力强 |
| 忠诚 | 有爱心 | 循序渐进 | 温柔亲切 |
| 与众不同 | 思想家 | 敏捷 | 优雅 |
| 完美主义者 | 聪明 | 有能力 | 可靠 |
| 严谨 | 自主 | 可信赖 | 领导 |
| 坚韧 | 消息灵通 | 尊敬 | 不断成长 |
| 公平 | 创新 | 专注 | 热心 |
| 有志向 | 有序 | 勇敢 | 活跃 |
| 开朗 | 利人主义 | 始终如一 | 有影响力 |
| 坚定 | 敏锐 | 体面 | 乐于付出 |
| 镇静 | 感激 | 多产 | 独创 |
| 强壮 | 公正 | 坚定 | 节俭 |
| 善解人意 | 受尊敬 | 规划师 | 无私 |
| 满足 | 灵活 | 高效 | 有自知之明 |
| 负责任 | 喜欢新想法 | 合作意识 | 自主 |
| 思维开放 | 坚强 | 可靠 | 调节能力强 |
| 有天赋 | 可预言的 | 让人欣慰 | 爱追问 |
| 诙谐 | 机智 | 友善 | 注重实践 |
| 有条理 | 鼓舞人心的 | 严肃 | 独特 |
| 值得信赖 | 想象力丰富 | 适应能力强 | 一丝不苟 |
| 有先见之明 | 有追求 | 宽容 | 聆听者 |
| 富有同情心 | 富有同情心 | 富有想象力的 | 幽默 |
| 快乐 | 积极 | 风雅 | 爱运动 |
| 有活力 | 遵守纪律 | 乐于分享 | 有爱心 |
| 勇敢 | 爱冒险 | 勇敢 | 有耐心 |
| 协调 | 忠诚 | 风趣 | 感觉敏锐 |

按120%比例和8.125×11尺寸复制本页，与68页的活动一同使用。

# 我眼中的孩子

1. 专注倾听。对于适龄儿童来说，能够确保他们集中精力的一个好办法是，让孩子坐在汽车前座，载着他们的同时与其进行谈话（除非下车，否则他们没有其他地方可去）。

2. 了解彼此的肢体语言。

3. 用沉默来体会孩子的意思和感情。

4. 开放性回应，让孩子滔滔不绝。例如："我明白了"、"再告诉我一些有关那部分的内容"……

5. 接受并尊重孩子的感觉。感觉不必合理，感觉就是感觉。

6. 不要打断孩子。

7. 通过孩子所说的话，核实孩子的感觉。比如："我听到你说你真生苏珊的气了。"、"所以，你当时感到非常无助？想藏起来？"

8. 保持冷静。轻声讲话，无须赘言。

9. 不偏离主题。

10. 不要假定自己已经讲清楚了。偶尔检查孩子是否理解了自己的话，"你能用自己的话谈谈你对我的话的理解吗？"

11. 通过探讨多种解决方案来解决问题。在选择某一行动方案时，提高孩子的选择能力。

12. 表明自己的观点，但这并不是法则或者唯一一个好的解决方案。

13. 不要成为独裁者。要记住，孩子在失败时也会有所收获。偶尔让孩子在失败中学习能够成功解决问题的方法。

14. 避免唠叨、威胁、批评、说教或者试探。

15. 禁止粗口！需要解决的是问题，而非攻击人。

16. 尽可能保持幽默。

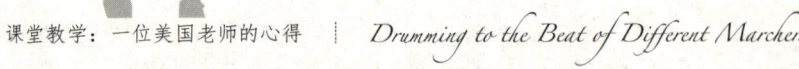

按120%比例和8.125×11尺寸复制本页，与68页的活动一同使用。

# 您对孩子的了解有多少？

1. 如果孩子可以选择，他/她希望别人对他/她的称呼是什么？_____

2. 孩子最亲密的朋友是谁？_____

3. 孩子最敬佩的人是谁？_____

4. 孩子最害怕的是谁？_____
_____

5. 孩子与他/她的朋友一起最喜欢做的事是什么？_____
_____
_____

6. 孩子最喜欢哪种类型的音乐？_____

7. 孩子看过的最好看的电影是什么？_____
_____

8. 孩子打算在多大时离开家门？_____

9. 孩子最喜欢的颜色是什么？_____

10. 如果必须在一个月里穿同一件衣服，那么孩子会选择穿哪件？_____
_____

11. 让孩子感到最尴尬的是什么？_____
_____
_____

12. 如果孩子可以改变有关自己的一件事，他/她将会选择改变什么？_____
_____
_____

13. 如果孩子可以改变家中的某件事，他/她将会选择改变什么？_____
_____

按120%比例和8.125×11尺寸复制本页，与68页的活动一同使用。

14. 您具备哪些孩子非常重视的品质？_____
_____
_____

15. 孩子最期望您改变哪些特点？_____
_____
_____

16. 如果全球电力突然中断，孩子最怀念的电器是什么？_____

17. 孩子体重是多少？（允许2磅的误差）_____

18. 孩子在什么时候最自豪？_____
_____
_____

19. 孩子在什么情况下最伤心？_____
_____
_____

20. 如果孩子能够让某个愿望成真，那么这个愿望会是什么？_____
_____
_____

    将自己的答案与孩子的答案对比。
    答案一致或者相近即可得一分。

                                                  总分_____

    得分若为16分或16分以上，那么恭喜您，您确实十分了解自己的孩子。
    得分若为11分至15分，您可能需要考虑多花些时间去了解孩子新的变化了。
    得分若为10分或者10分以下，那么您真的需要花更多时间去了解孩子了。

按120%比例和8.125×11尺寸复制本页，与68页的活动一同使用。

# 有关自己

1. 如果您能选择，您希望别人怎么称呼您？_____

2. 您最亲密的朋友是谁？_____

3. 您最敬佩的人是谁？_____

4. 您最害怕的是什么？_____
_____

5. 您与朋友一起最喜欢做的是什么？_____
_____
_____

6. 您最喜欢哪种类型的音乐？_____

7. 您看过的最好看的电影是什么？_____
_____

8. 您打算多大时离开家门？_____

9. 您最喜欢的颜色是什么？_____

10. 如果必须在一个月里穿同一件衣服，那么您会选择穿哪件？_____
_____

11. 让您感到最尴尬的是什么？_____
_____
_____

12. 如果您可以改变有关自己的一件事，您将选择改变什么？_____
_____
_____

13. 如果您可以改变家中某件事，您将选择改变什么？_____
_____

第四部分 附加材料

按120%比例和8.125×11尺寸复制本页，与68页的活动一同使用。

14. 父母具备哪些您最看重的品质？ _____
_____
_____

15. 您最希望父母改变哪些特点？ _____
_____
_____

16. 如果全球电力突然中断，您最怀念的电器是什么？ _____
_____

17. 您的体重是多少？（允许2磅的误差） _____

18. 什么时候，您会感到最自豪？ _____
_____
_____

19. 什么时候，您会感到最伤心？ _____
_____
_____

20. 如果您能够让某个愿望成真，那么这个愿望会是什么？ _____
_____
_____
_____
_____
_____

　　现在将自己的答案与父母的答案对比。（您将是裁判）答案相同或类似，父母即可得一分。父母有评分代码。

课堂教学：一位美国老师的心得　　*Drumming to the Beat of Different Marchers*

按120%比例和8.125×11尺寸复制本页，与93页的活动一同使用。

# 学习周期课程大纲

科目：_____

标题：_____适用年级：_____时间分配：____

### 1. 教学目标
对学习人员取得的成果进行综合表述，包括过程（动词）和内容。（参见国家课程标准）

### 2. 作业目标
对经过此次学习活动，学生培养起来的具体可观察到的行为进行描述。适当的时候将所有领域的目标都包括其中：认知领域、情感领域、心理运动领域以及社交领域。除了知识水平的目标之外，认知领域还须涉及更高层次的目标。

### 3. 教学/学习过程

___ A. 动机/导论
　　展现如何吸引学生注意力，如何将课题与学生生活或之前的课程联系起来。

___ B. 教学/学习活动
　　描述授课过程将要用到的系列活动。

　（1）探索阶段
　　　　明确开放性的问题和探索，这类问题和探索都能够促进学生们进行信息交流、资料交流以及学生间的相互交流。
　（2）概念提出阶段
　　　　制订计划，拓展词汇，运用直接教学，整合对其他资源的调查；将技能实践与目标相结合。
　（3）概念应用阶段
　　　　说明如何要求学生们将新学到的知识应用到现实生活以及/或者新状况中。

___ C. 结课
　　明确并总结在课堂上学习的主要概念。对如何将以前学习的课程、现在学习的课程以及之后要学的课程联系起来作出计划。

### 4. 资料及媒体
除了课本之外，涉及各种不同的资料。使用吸引多元智能的资料。

### 5. 差异教学策略
说明不同学生所需要的自我调节。
课程相关活动可能包括计算机程序、学习中心、活动文件夹、教育游戏、同侪教学以及其他帮助单个学生掌握某概念或技能的其他方法。

（摘自路易斯安那科技大学的《学生教师手册》）

按120%比例和8.125×11尺寸复制本页,与93页的活动一同使用。

# 有关自己

科目:＿＿＿＿＿＿＿＿＿＿＿＿＿＿＿＿

标题:＿＿＿＿＿＿＿＿＿＿＿＿ 适用年级:＿＿＿＿＿ 时间分配:＿＿＿

**1. 教学目标**
＿＿＿＿＿＿＿＿＿＿＿＿＿＿＿＿＿＿＿＿＿＿＿＿＿＿＿＿＿＿＿＿
＿＿＿＿＿＿＿＿＿＿＿＿＿＿＿＿＿＿＿＿＿＿＿＿＿＿＿＿＿＿＿＿

**2. 作业目标**
＿＿＿＿＿＿＿＿＿＿＿＿＿＿＿＿＿＿＿＿＿＿＿＿＿＿＿＿＿＿＿＿
＿＿＿＿＿＿＿＿＿＿＿＿＿＿＿＿＿＿＿＿＿＿＿＿＿＿＿＿＿＿＿＿

**3. 教学/学习过程**

时间:＿＿＿＿＿＿＿＿＿＿＿＿＿ 活动:＿＿＿＿＿＿＿＿＿＿＿＿＿＿＿＿

＿＿＿ A. 动机/导论＿＿＿＿＿＿＿＿＿＿＿＿＿＿＿＿＿＿＿＿＿＿＿＿

＿＿＿ B. 教学/学习活动＿＿＿＿＿＿＿＿＿＿＿＿＿＿＿＿＿＿＿＿＿

　　　(1) 探索阶段＿＿＿＿＿＿＿＿＿＿＿＿＿＿＿＿＿＿＿＿＿

　　　(2) 概念提出阶段＿＿＿＿＿＿＿＿＿＿＿＿＿＿＿＿＿＿＿
　　　　＿＿＿＿＿＿＿＿＿＿＿＿＿＿＿＿＿＿＿＿＿＿＿＿＿＿

　　　(3) 概念应用阶段＿＿＿＿＿＿＿＿＿＿＿＿＿＿＿＿＿＿＿
　　　　＿＿＿＿＿＿＿＿＿＿＿＿＿＿＿＿＿＿＿＿＿＿＿＿＿＿

＿＿＿ C. 结课＿＿＿＿＿＿＿＿＿＿＿＿＿＿＿＿＿＿＿＿＿＿＿＿＿＿
＿＿＿＿＿＿＿＿＿＿＿＿＿＿＿＿＿＿＿＿＿＿＿＿＿＿＿＿＿＿＿＿
＿＿＿＿＿＿＿＿＿＿＿＿＿＿＿＿＿＿＿＿＿＿＿＿＿＿＿＿＿＿＿＿

**4. 资料/媒体**
＿＿＿＿＿＿＿＿＿＿＿＿＿＿＿＿＿＿＿＿＿＿＿＿＿＿＿＿＿＿＿＿
＿＿＿＿＿＿＿＿＿＿＿＿＿＿＿＿＿＿＿＿＿＿＿＿＿＿＿＿＿＿＿＿

**5. 差异教学策略**
＿＿＿＿＿＿＿＿＿＿＿＿＿＿＿＿＿＿＿＿＿＿＿＿＿＿＿＿＿＿＿＿
＿＿＿＿＿＿＿＿＿＿＿＿＿＿＿＿＿＿＿＿＿＿＿＿＿＿＿＿＿＿＿＿

(摘自路易斯安那科技大学的《学生教师手册》)

课堂教学：一位美国老师的心得　　*Drumming to the Beat of Different Marchers*

按120%比例和8.125×11尺寸复制本页，与93页的活动一同使用。

# 学习周期检查表

姓名：_____

## 探索阶段

____ 1. 课堂以有趣的活动、发人深省的问题或者大家都经历过的有趣现象开始。

____ 2. 给学生足够的时间探索资料交流，以及/或者探索开放性的问题。

____ 3. 要求学生收集并整理数据。

## 概念提出阶段

____ 1. 解释是基于探索阶段观察到的新兴模式。

____ 2. 提出的概念和词汇都是探索活动的自然结果。

____ 3. 设计的问题在于帮助学生掌握更深层次的理解和意义。

## 概念应用阶段

____ 1. 学生们进行互相交流，对比各自的想法和解释。

____ 2. 要求学生将新学习的概念应用到现实生活当中。

____ 3. 设计的评估方案须鼓励学生们展现以新颖独特的方式应用新学到的知识的能力。

按120%比例和8.125×11尺寸复制本页，与106页的活动一同使用。

姓名：_____

# 八项基本智能

找到可以完成以下任务的人，让其在横线上签名。您可以在自己的活动页面写下自己的姓名。

| 数字智能 | 内省智能 |
|---|---|
| 我可以将以下数列补充完整：64, 1, 49, 4, 36, 9, 25, _____ 并解释其中的逻辑关系。 | 我能够很诚实地说我的优点多于缺点，并能在15秒之内列出6个优点。 |
| 音乐智能 | 语言智能 |
| 我能哼唱出《平安夜》乐谱中的第一行。 | 我可以凭借记忆背诵一首诗。 |
| 身体运动智能 | 人际智能 |
| 双手抱头单脚立地的同时紧闭双眼，我至少能保持7秒钟。 | 我可以在8秒钟之内，说出5个非常亲密的朋友。 |
| 视觉空间智能 | 自然智能 |
| 过去三周做的梦中，我至少可以回忆起其中一个。 | 20秒钟之内，我可以说出6种将岩石分门别类的方法。 |

 课堂教学：一位美国老师的心得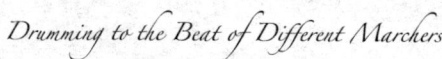

按120%比例和8.125×11尺寸复制本页，与108页的活动一同使用。

# 您对孩子的了解有多少？

学生姓名：_____

## 核查以下所有项目

**语言智能 (Word Smart)**
- □ 1. 爱好阅读
- □ 2. 喜欢文字游戏
- □ 3. 擅长讲笑话或讲故事
- □ 4. 词汇量较大
- □ 5. 喜欢听故事以及/或者诗歌
- □ 6. 喜欢编故事以及/或者写诗
- □ 7. 喜欢与他人进行言语交流
- □ 8. 欣赏押韵、双关以及/或者没有实义的单词
- □ 9. 对词语、故事以及细节的记忆力好
- □ 10. 其他语言优势：_____

**数字逻辑智能 (Number Smart)**
- □ 1. 对事物工作的原理好奇
- □ 2. 有良好的因果关系感
- □ 3. 认为数字游戏有趣
- □ 4. 毫不费力即可明白并重复某模式
- □ 5. 喜欢解答智力游戏和脑筋急转弯
- □ 6. 了解计算机编程
- □ 7. 逻辑思维能力强
- □ 8. 相对轻松地对涉及数字的东西进行估计
- □ 9. 可以在脑海中推理数字概念
- □ 10. 其他数字逻辑优势：_____

**视觉空间智能 (Picture Smart)**
- □ 1. 能够对视觉图像（或是梦境）进行生动的细节性描述
- □ 2. 能够从多个角度想象物体
- □ 3. 比同龄人的白日梦多
- □ 4. 喜欢绘画以及/或者喜欢制作艺术品
- □ 5. 对细节和色彩有较好的鉴赏能力
- □ 6. 擅长国际象棋和俄罗斯方块等空间游戏
- □ 7. 喜欢电影、幻灯片以及其他可视图像
- □ 8. 能够轻松实现二维图表和三维图表之间互换
- □ 9. 能够理解以及/或者制作地图
- □ 10. 其他视觉空间优势：_____

**身体运动智能 (Body Smart)**
- □ 1. 非常协调
- □ 2. 特别好动，坐的时间长之后会四处走动，或抽动，或坐立不安，或有敲打的动作
- □ 3. 喜欢玩泥土，喜欢用手指画画或者其他有触感的东西
- □ 4. 能够模仿他人的姿势、姿态和行动
- □ 5. 喜欢触摸新奇有趣的事物
- □ 6. 喜欢拆卸组装东西
- □ 7. 表现自我时常采用生动的肢体语言
- □ 8. 喜欢跑步、跳高、爬山、摔跤以及类似的活动
- □ 9. 拥有良好的运动控制能力（工艺品以及绘画等）
- □ 10. 其他身体运动优势：_____

**音乐智能 (Music Smart)**
- □ 1. 能够察觉出跑调、弱拍或者受到其他干扰的音乐
- □ 2. 能够记住歌曲旋律
- □ 3. 工作或玩耍时喜欢有节奏的敲打
- □ 4. 对环境噪声（如雨打窗户的声音等）比较敏感
- □ 5. 会一门乐器以及/或者在唱诗班唱歌
- □ 6. 有一副唱歌的好嗓子
- □ 7. 音乐响起时总能愉快地回应
- □ 8. 喜欢唱学会的歌曲
- □ 9. 大部分时间都会无意识地哼唱
- □ 10. 其他音乐优势：_____

**人际智能 (People Smart)**
- □ 1. 能够建立有意义的同伴关系
- □ 2. 似乎天生就是领导
- □ 3. 同情他人
- □ 4. 喜欢与他人一起玩耍
- □ 5. 展现出较好的团队合作能力
- □ 6. 他人喜欢与之交往
- □ 7. 拥有两个或者更多亲密的朋友
- □ 8. 经常扮演调停者以及/或者和事佬的角色
- □ 9. 乐于助人
- □ 10. 其他人际交往优势：_____

**内省智能 (Self Smart)**
- □ 1. 意志力坚定
- □ 2. 喜欢独自工作或玩耍
- □ 3. 自尊心较强
- □ 4. 自我引导感较强
- □ 5. 不介意与他人不同
- □ 6. 明确知晓自己的优缺点
- □ 7. 善于处理成功和失败
- □ 8. 拥有他人不具有的兴趣或天赋
- □ 9. 喜欢以不同的方式行事
- □ 10. 其他内省优势：_____

**自然智能 (Nature Smart)**
- □ 1. 喜欢对自然界中的生物和非生物进行识别分类
- □ 2. 关爱宠物或动物
- □ 3. 了解自然界和宇宙中重复的模式
- □ 4. 与同龄人相比，更能够"与大自然和谐地相处"
- □ 5. 更喜欢室外
- □ 6. 了解自然界的一部分（例如：恐龙、云彩以及岩石等）
- □ 7. 喜欢栽培花木以及/或者喜欢植物
- □ 8. 了解并喜欢周边环境
- □ 9. 喜欢收集来自大自然的物品
- □ 10. 其他自然智能优势：_____

按120%比例和8.125×11尺寸复制本页,与132页的活动一同使用。

# 学习周期检查表

学生面前摆放着工作布告牌,背对着学生的一面写着工作的名字,正对学生的一面写着工作职责。这些布告牌有助于提醒学生一天的任务,并帮助老师们检查团队成员是否在做分配给他们的任务。

| 资源管理员 | 1. 收集所有资料物品,并将其放置在适当位置。<br>2. 您是唯一一个可以重新拿回资料和物品的人。<br>3. 确保所有人都有获取资料和物品的平等权限。<br>4. 检查数据表。<br>5. 协助打扫卫生。 |
|---|---|
| 队长 | 1. 向本组成员宣读所有提示。<br>2. 发起讨论。<br>3. 检查数据表。<br>4. 您是唯一一个可以向老师发问的学生。<br>5. 协助打扫卫生。 |

课堂教学：一位美国老师的心得    *Drumming to the Beat of Different Marchers*

按120%比例和8.125×11尺寸复制本页，与132页的活动一同使用。

## 计时员

1. 负责拿着团队的秒表或者查看钟表计时。
2. 确保团队继续执行任务，并提醒团队成员注意时间。
3. 主要负责确保本团队准时完成任务。
4. 检查数据表。
5. 协助打扫卫生。

## 数据记录员

1. 为活动收集数据。
2. 用适当的形式或表格记录数据。
3. 将数据表格归还给老师以及或者在班级数据表上记录分组数据。
4. 确保其他所有团队成员都对数据表格进行了检查。
5. 协助打扫卫生。

## 组长

1. 监督所有队员，确保其做好分内的事。
2. 负责对出色完成的工作提出赞扬和肯定。
3. 记录体现积极人际交往的评论和行动。
4. 任务报告环节向小组成员汇报记录的数据。
5. 协助打扫卫生。

第四部分 附加材料

按120%比例和8.125×11尺寸复制本页，与133页的活动一同使用。

## 集体参与数轴

日期_____ 小组编号_____

小组参与成员：

_____  _____
_____  _____
_____  _____

100  95  90  85  80  75  70  65  60  55  50  45  40  35  30  25  20  15  10  5  0

Participation Points Earned:_____

## 集体参与数轴

日期_____ 小组编号_____

小组参与成员：

_____  _____
_____  _____
_____  _____

100  95  90  85  80  75  70  65  60  55  50  45  40  35  30  25  20  15  10  5  0

Participation Points Earned:_____

## 集体参与数轴

日期_____ 小组编号_____

小组参与成员：

_____  _____
_____  _____
_____  _____

100  95  90  85  80  75  70  65  60  55  50  45  40  35  30  25  20  15  10  5  0

Participation Points Earned:_____

## 集体参与数轴

日期_____ 小组编号_____

小组参与成员：

_____  _____
_____  _____
_____  _____

100  95  90  85  80  75  70  65  60  55  50  45  40  35  30  25  20  15  10  5  0

Participation Points Earned:_____

| 课堂教学：一位美国老师的心得 | *Drumming to the Beat of Different Marchers* |

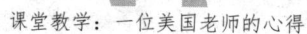

按120%比例和8.125×11尺寸复制本页，与138页的活动一同使用。

## 共同特点

小组成员名单：

_____

_____

_____

_____

列出小组最不寻常的共同特点。列举的特点必须真实，必须适用于小组所有成员。标记出小组最喜欢的5个特点。

_____

_____

_____

_____

_____

_____

_____

_____

_____

_____

_____

_____

_____

## 共同特点

小组成员名单：

_____

_____

_____

_____

列出小组最不寻常的共同特点。列举的特点必须真实，必须适用于小组所有成员。标记出小组最喜欢的5个特点。

_____

_____

_____

_____

_____

_____

_____

_____

_____

_____

_____

_____

_____

按120%比例和8.125×11尺寸复制本页,与172页的活动一同使用。

# 名字游戏

a. 您最喜欢做的事是什么?

b. 班里其他同学都不知道有关您的一件趣事是什么?

c. 除了这里之外,您还在哪些地方居住过?

d. 您所做过或见过的最不同寻常的事是什么?

e. 该教室里的同学应该对您有哪些了解?

f. 您喜欢哪种类型的音乐?

g. 您最喜欢的电视节目是什么?

# 附录

## 黛比的个人说明

我的全名是黛比·凯-汤普森-佩斯-西尔佛。汤普森是我的婚前姓（我的父亲和兄弟们希望您能明确知晓这些），佩斯来自第一次婚姻（实际是维系了17年的首次婚姻）。我三个儿子的姓都是佩斯，因此他们希望我指出我曾经也是佩斯家族的一员。我的两个继子姓氏为西尔佛。他们时常提醒我，我现在的姓氏是西尔佛。自1990年起，我就与劳伦斯·西尔佛缔结了婚姻。我知道这只是我的个人传记，但我确实曾向我生命中这些重要的人做出承诺，表示我会提到他们。

或许您感兴趣的主要是我是个精力充沛的老师这个事实。我教过所有核心课程，几乎教过所有年级所有类型的学生。我以南方女性的角度写了这本有关教学的书。30多年前，我天真地接受了在路易斯安那一所又小又穷的乡村学校担任代课老师的任务，这本书中包含了我当时希望知道的一切信息。当时，我只修了60个学分（其中没有一个与教育相关的学分），没有任何教育培训，我也从未打算成为正式的老师（这是个漫长的故事）。我很感激现在没有我早年的教学视频。

尽管开始教学时问题重重，但我很快喜欢上了这个职业，并继续教学，最终取得了教育方面的三个学位。我觉得每年的教学都让我有所进步。写这本书的时候，我已经有了21年的授课经验，9年职员培训和大学教学经验。我有幸与全美国以及加拿大和欧洲的学校进行合作，从来自全世界的优秀学生以及教育工作者那里学到了很多技巧。

　　进行教师培训或者在大学讲授教学方法时，经常有人问到我分享的这些主意是否在别处有记录。因此我将一些重要的信息全部收集到这本书中。如果您是名职前老师或者新老师，您可以在这本书中找到大量主意，帮助您立即开始工作。我提供的只是能够支撑所给建议的一些理论背景，因为大部分新老师都忙着开始讲课，希望开门见山。如果您是名经验丰富的老师，那么您可以在这本书中找到一些新鲜的想法，并且肯定能在课堂上所做的伟大事业。此外，这本书还能够提醒您，我们同在一起，给您带来舒心微笑。

　　我在工作、授课过程以及生活中都非常幽默。因此，很多评论都不过是玩笑话。书中穿插了很多故事、诗歌以及奇闻逸事，我喜欢这种授课方式。您不必依次阅读各个章节，也不必将每个章节都完全读完。

　　我希望您能够快速找到自己所需要的东西，并能利用它们。

　　那些希望进一步学习的读者，可以参考推荐的阅读书单。

　　教学生涯，让我受益匪浅。部分收获来自学生建议、自我研究以及自我反省。但目前我所知道的大部分内容都源自认真听其他老师讲课的过程。我与世界上很多兢兢业业的人才共享这个职业——教育工作者才是真正的英雄。人数太多，不再一一列举，但他们知道我说的是他们。

　　从事这项最高尚的职业之后，您很可能会有更多更好的想法。欢迎您对此进行评论，建言献策。我很乐意在即将出版的书中采用并认可您新奇的意见。请通过www.debbiesilver.com与我联系。

*Debbie Silver*

# 活动及问题讨论

将这些活动指南作为教师必读书目、教师会议以及小组活动的一部分。选择区分适合你们小组的讨论。

## 第一部分——设定节奏

### 第一章
### 了解自己的节奏

1. 画幅典型学生的图片。添加一些可以体现以下特征的标签：性格、学习方式、强势领域、待加强领域及其他可识别的品质。与组员共享该图片。

2. 将所画的典型学生的图片与学生相比照。图片是否可以与个人匹配？建立一个学生观察文件。为班里所有学生制定备注卡。记录学生不同于典型学生图片中的特点。这些备注是进行学生观察的开始，便于因材施教。随着对该书研究的深入了解，保存学生备注卡并不断对其进行补充。

3. 回顾学生时代您与班里其他同学"不同步"的时刻。关于那些您感受得到的不同，您是否能够回忆起当时一些明确的想法或感觉？老师是如何帮您融入班级以及/或者学校的？

4. 您是否有过与其他教学同人相隔离的感觉？什么时候？得到管理人员以及教学同人的接受有多重要？当您的观点与其他教学同人不同时，依旧秉持自己有关教学的信仰体系和价值观有多么重要？是否有妥协的余地？

5. 讲述自己作为学生或者观察员上过的最好的一堂课。明确该堂课吸引您的具体方面。其中大部分方面是否可以复制？如果可以，您在自己的课堂应用了哪些同样的方法？如果一些方法不可复制，那么请对其进行解释，并说明自己在课堂选择了哪些替代的方法。

# 第二章
## 制定课堂管理体系

1. 单独或者一组人制作一个韦恩图。左边列出短期管理策略，右边列出长期但很难解决眼前问题的管理策略。中间列出可以解决两方面问题的策略。

与两边列出的策略相比，中间部分列出的策略有哪些价值，就此展开讨论。目前，在课堂上采用了多少图表中间列出的策略？您未采用其他策略的因素是什么？

2. 检查课堂管理的10个差项列表。明确最看重的5项。写下本学年希望有所提高的差项，制订一项行动计划帮助您提高重视的方面。

3. 学生会不会说您更关心的是"规则的字面规定"或者"规则的精神"？他们那么说的原因是什么？学生的回馈与您对课堂的期望是否一致？为什么？

4. 您如何看待用奖励作为激励措施的做法？随着时间流逝，您是否改变了自己的立场？为什么？讲述您目前对课堂奖励的立场如何反映了您为学生设定的长期目标。

5. (对待任何问题)采取"零容忍"原则,将长期目标作为指导方针捍卫自己的原则。

6. 行为解释计划以及个人行为规划(参见196—198页)是否适用于您的课堂?如果使用类似的形式,需要对其做出哪些修正?

7. 为了有效率地给学生授课,需要了解学生哪些重要信息?如何发掘自己需要了解的信息?

8. 您在什么时候教学实践可以达到最佳状态?哪些因素能够帮助您延长保持最佳状态的时间?

9. 如果您之前比现在勇敢,您会倡议班里学生做些什么?现在不再那么做的原因是什么?

## 第三章
## 家长参与

1. 轮流扮演父母和老师的角色。根据以下场景进行角色扮演:

场景1:一名家长试着解释"男孩就是淘气",但老师怀疑这个孩子可能患有注意力不集中症(ADHD),需要某种帮助。

场景2:一名家长试图说服老师他/她的孩子患有注意力不集中症(ADHD),需要进行药物治疗,但老师并不认同这种诊断结果也不建议进行药物治疗。

场景3:一名家长认为老师布置的家庭作业太多。

场景4:一名家长希望就一名科学教师有关创世论的观点进行讨论。

场景5:一名家长希望确保他/她的孩子能够荣登光荣榜。

场景6：一名家长确信他/她的孩子并没有做错什么，但其他几名学生"为孩子招致了麻烦"。

场景7：一名家长希望讨论一下之前的老师以及学校其他老师行为不端问题。

场景8：一名家长之前是位老师，不赞同一些老师的教学方法。

场景9：一名家长完全不关心孩子的幸福。

场景10：营造适用于你们学校或者情况的一种场景，让团队参与人员提出建议或者想法。

2. 您和同事们将会采取哪些具体行动让家长感觉在学校里更受欢迎？您将会采取哪些具体措施让家长感觉在您的课堂上更受欢迎？

3. 撰写一封致学生家长的公开信（1），明确讲明为了让孩子的学校生活更加成功，需要父母做哪些协助工作。不要担心只是"在政治立场上是正确的"，说出自己的感觉即可。将信件与团队其他成员共享。撰写一份假设是来自父母的回馈报告（2）。通过学生家长提出的理由、原因以及合理化的说法对写的第一封信进行补正。然后再写封您希望从家长处得到的理想回馈报告（3）。将（2）和（3）进行对比。需要做哪些工作才能让 b 和 c 两者更加接近？

4. 在之前（第一章，活动2）准备的学生观察备注卡上留出空间，记录每次与学生家长的联系，用代码表明此次通话的性质。第一学期结束之后，用图表表示通话代码和类型。自己做备注，与那些还没有听到积极消息的父母进行通话。

5. 如果您是或者曾经是学龄期儿童的家长，那么谈论一下老师或者学校管理人员完全让您沮丧的一个例子。这个例子是否改变了您与家长的交流方式？为什么？

## 第二部分——区分指导

### 第四章
### 因材施教

1. 自己或者与整个小组设计适合你们年级或符合学习周期中主题范围的一堂课。利用该书210页提供的模板,并参考211页上的检查表,确保涉及了三个阶段。向讨论组展示您的模型或者课程。让其他参与者对喜欢的地方、存在的问题以及改进建议进行评论,并就小组各类学习周期课程创建一个文件夹。

2. 大卫·奥苏贝尔说:"影响学习的唯一重要因素就是学习者已经知道了什么。"这句话的真正意思是什么?您是否同意该观点,并说明原因。

3. 您所教授的最为成功的是什么课?它是否包括学习周期中的各种元素?包含哪几种?未能一直那样授课的原因是什么?

4. 对讲授各类话题时出现的差异性事件进行头脑风暴,并将其与小组成员共享。为所有人都复印一份,确保所有参与者都能初步了解差异性事件。

5. 回顾"有效提问技巧"。您是否认同他人的观点,解释说明您选择了哪些类似或者不同的做法,并说明原因。用您为学生设定的长期目标来支持自己的答案。

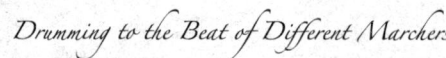

## 第五章
## 学习方法，因人而异

1. 复印《八项基本智能》，将其分发给所有小组成员，进行活动。活动中是否包括了这八项智能？

2. 复印并分发《学生"如何"聪明评价列表》（参见213页）。告诉参与者不要在表格上填写自己的名字，让他们根据自己的情况诚实填写。将表格张贴在公共区域，看组员是否能够猜出每张表格是出自谁手。

3. 您是否知道与安迪的故事（参见第100—102页）类似的学生故事？这个学生找到另外一条通往成功的路径之后，发生了什么？请与大家分享。这个学生获得成功的故事是否适用于您现在的学生？为什么适用或者为什么不适用？

4. 挑选所授科目某单元的话题。写出讲述该话题基本思路的八条教学策略，将八项智能全部应用其中。随后撰写利用八项智能的评估技巧。与组员分享列表的复件。

5. 在之前准备的学生备注卡上，记下每个学生最突出的一两项智能。

6. 您是否同意加德纳"关键不是他们有多聪明，而是如何聪明"的说法？为什么？

7. 从格雷戈克网站为讨论组成员购买格雷戈克《成人学习方式详细目录》。*指派人员帮助其他参与者使用该目录。与组员分享结果，看是否有人对结果感到惊奇。

---

*讲习班使用的该工具受版权保护，每个参与者大约都须支付3美元，更多信息，参见网站 http://www.gregorc.com/instrume.html

8. 从所教授的学习单元中选择一个话题。利用四种学习方式对本单元基本思路进行因材施教，至少为每个学习方式列出五大策略。

9. 通过查看学习方式详细目录的结果，或通过阅读格雷戈克的描述，明确自己处理新信息采用的主要方式。对该特定的方式让您感觉驾轻就熟的方面进行描述，并描述那些对您来说较难的方面。

10. 对您来说，学生哪种学习方式最难处理？您认为该学习方式最难处理的原因是什么？为适应学习人员应做出哪些改变？

11. 用自己的话描述维果茨基的"近侧发展区间"（见第119页）。列举教师利用该方法教学的具体实例。为什么了解该区间对因材施教来说非常重要？

## 第六章

### 学着齐步走——合作式学习

1. 作为个人或父母，设计一项您可以带领学习小组进行的合作学习活动。准备好完成该任务所需要的计时器、工作布告牌、集体参与数轴以及所需要的其他资料。为成员分配计时任务、工作布告牌任务或与其他资料相关的任务，要求成员遵守各自的工作要求。通过集体参与数轴监督成员合作行为技巧。听取所选活动报告，随后就合作学习效率的有效性展开讨论。

2. 在年级组中，通过头脑风暴列出在教室实行合作性学习的有用提示列表，复印列表并分发给所有小组成员。

3. 教师如何将在基本小组中学习到的合作技巧传授给一些不太正式的小组？比如差异性教学中经常使用的自发小组、灵活组合小组以及双人小组。

4. 您所教的年级中，基本小组的理想构成（大小或构成等）是什么？

考虑哪些工作任务适合学生们,并解释说明您的选择如何适应班级的短期和长期目标。

## 第三部分——按自己的节奏来

### 第七章
### 构建课堂团体

1. 让所有小组成员在纸张顶端写下自己的名字。让组长收回所有纸张,并重新随机发放,确保每个小组成员拿到的都不是自己的。让小组成员根据纸上的名字,并写下一句或多句与此人相关的积极性评价(所有句子都必须以"你"或"我"开头,不可使用第三人称的代词)。评价须真实、明确、肯定。参与者在一张纸上完成书写之后,在不拿回自己纸张的前提下,可与他人交换纸张。小组成员所写的内容占据纸张大部分时,停止交换。随后,组长收回所有纸张,并将其返还给本人。小组成员阅读他人的评价,并对该练习对小组成员的价值进行讨论。

2. 一组或两组小组成员进行"洗车活动"(见174页)。之后,互相间交流参与该项活动的心得。记录课堂可能进行"洗车活动"的次数。

3. 团队制定一个可以提高班级"人际智能"的活动列表或者各类提示。复印列表,分发给所有成员。

4. 团队制定一个可以提高班级"内省智能"的活动列表和各类提示。复印列表,分发给所有成员。

5. 让某一小组组长根据目前学校或者小组面临的问题进行"发自内心"的会话(见162页)。

6. 阅读"归因理论"部分（见168页）。就老师所选词汇的重要性展开讨论，列举若干由于老师未经思考做出评论而带来意外后果的例子。

## 第八章
## 把爱传出去

1. 让参与讨论的成员"首先乐于分享"，在小组内共享自己在授课过程中非常有意义的成功故事（新老师可以分享一下观察到或了解到的成功教学案例）。

2. 就教师如何寻求关注学生幸福和高风险测试压力不断增加这两者之间的平衡进行讨论。

3. 制作海报或者条幅，写明学校中成年人彼此间可以相互提升的方面。将海报或条幅张贴在学校中成年人都可以看到的地方。

4. 全身心享受庆祝"您是谁""您所做的一切""您完成的文本研习"的聚会。（一定要邀请黛比参加！！）

## 致谢信

对该讨论指南进行探讨的灵感来源于科罗拉多州埃斯蒂斯帕克R—3学区。那里的老师在琳达·查普曼的带领下成立了首个学习小组,将我的书列为教师必读书目。劳拉·布朗根据我的书制定了一个为期六周的研究课程。她的观点对我撰写该指南大有裨益。我衷心感谢劳拉、琳达以及帕克R—3学区的其他老师,感谢他们的情谊以及为专业发展做出的贡献。感谢你们,帕克学区的教育工作者们,感谢你们成为因材施教的倡导者。

我要感谢我父母一家人,我的孩子【斯科特(Scott)、马弗里克(Maverick)、斯蒂芬妮(Stephanie)、安迪(Andy)、杰里米(Jeremy)、康堤(Kandy)和基特(Kit)】;感谢我的丈夫,也是我的挚友劳伦斯·西尔佛(Lawrence Silver),感谢你们无私的关爱与支持,你们是我的试金石,是我幸福的源泉。同时,还要欢迎刚刚降临这个世界的小宝贝,夏洛特·阿比盖尔·佩斯(Charlotte Abigail Pace)和格纳·克里奇·佩斯(Gunner Creech Pace)!

# 术语表

**自我调节**

皮亚杰用来描述个人吸收新信息时所做出调整的概念。自我调节是个人对已经或正在同化的、及时且强有力的信息输入做出的回应。

**好斗**

表示准备或者有倾向攻击或者伤害他人。

**锚定**

通过条件反射来引出某一行为（例如：通过吃食物感到舒服；想起漂亮的沙滩带来平静的感觉；听歌感觉精力充沛）。

**肯定的**

表明立场和目标时自信的、强有力的。

**果断训练**

康特提出的一种课堂管理制度。该制度的中心为班级纪律，拥有各种严格的规定及奖惩措施。每个教室中都有这套简单的规则以及遵守纪律的奖励列表和违反纪律的惩罚列表。

**同化**

皮亚杰用来描述将新经验概念化和内在化的概念。皮亚杰认为对孩子而言，同化是一种自发的过程（与自我调节一同使用）。

### 归因理论

在学生学习动机的背景下，该理论是指学生们对成功的解释通常是外部原因（任务难度、幸运程度、天赋才能）、内部原因（努力）或者这四种因素的组合为基础。

### 自动性

已经内在化不再需要考虑和打算的习得行为，因此头脑可以从事更高层次的任务。

### 经典条件反射

用来描述巴甫洛夫实验的术语，该实验将一条件反射与一无条件刺激多次连接，观察该条件刺激是否可以引起反射。他在该经典试验中，反复为一只狗提供肉粉的同时也提供铃声。最终，单是铃声（没有肉粉）也会让狗开始分泌唾液。

### 建构主义

认为学习者脑中构建的知识是基于之前的知识和经验的观点。

### 合作学习

要求学生以小组形式共同努力互相帮助完成合作性学习任务的一种教学策略。

### 差异性事件

引起认知失调（不能理解）、让人困惑的情形；比如看似不可能的魔术。

### 不平衡

皮亚杰用来描述认知失调的术语。当孩子观察到的现象与之前的知识和/或信仰不一致时就会出现这种认知失调。

### 非语讯息障碍

对非语的标志和信号的理解障碍。

### 平衡化

皮亚杰用来描述促进同化及自我调节这两个相互依存的概念达成调整的术语。

### 外部奖励

来自外部源的奖励，比如来自老师的奖励。奖励包括各类常见的奖赏，比如奖品、证书、特殊许可、金星、贴纸、糖果、口香糖、可兑换的代价券、分数甚至是金钱。老师的夸奖以及其他更多表示认可的迹象，如"竖起大拇指"、微笑、点头、拥抱以及轻拍后背等，都被视为是外部奖励。

### 流动状态

由米哈里·契克森米哈赖提出，用来描述集中行动和意识状态的术语。

### 内部奖励

行为固有或自然的结果成为对行为的奖励。相对"奖励"来说，一些研究人员更喜欢将其称为"强化刺激"，因为老师用此来强化学生的行为（使该行为更有可能重复）。

### 学习周期

让学生通过探索阶段、概念提出阶段以及概念应用阶段自己构建学习的教学策略。所有阶段都取决于有效的提问。

### 休息室蜥蜴

有时会占用老师休息室的学校消极的工作人员。他们以态度不满、爱制造流言蜚语、中伤他人且无法容忍新事物或不同的事物而著称。

### 误解

对某一内容的错误理解。

### 无容忍政策（零容忍政策）

零容忍，意思很明了：没有第二次机会，不许犯错，无须质疑，没有

"如果"，没有"另外"，也没有"但是"。很多零容忍政策下，带塑料刀到学校用午餐与带弹簧折刀性质一样；给朋友阿司匹林与贩卖毒品的性质一样。因为性质一样，所有所受的惩罚也将一样——无须质疑。

### 表现性奖励
只有达到一定标准时，才能获得的奖励（比如，小测中得分在95分或95分以上的学生将获得贴纸奖励）。

### PETA
善待动物协会工作人员。www.peta.org

### 国际公法94.142
1975年通过的《所有残疾儿童教育法》，呼吁为残疾儿童制定个别教育方案（IEP）。这是一部联邦法律，要求所有患有残疾的学生都在"最少限制的环境中"接受教育。

### 再构造
从另一角度观察事物的能力。

### 可恢复性
能够快速从挫折中恢复的能力。

### 征询方案（RFP）
授奖机构明确其宗旨以及获取该机构奖励的规则和程序的文件。一般来说，该机构的评估人员要明确这些提案能够传达所需的结果。

### 自我效能
认为人可以影响自己思想和行为的信念。

### 海绵活动
是指一项小活动，设计该活动是为了"吸收"否则可能会被浪费掉的时间。该活动可以被用作课前学生进入教室之后，集中学生精力的"摇铃者";还可用于利用课堂结束、意外的打断或者课堂上的过渡时间。

### 成功型奖励

因表现良好所给的奖励,或能反映成功取得了某个目标或者有了进步(比如本次考试获得满分或者分数比上次进步了5%)。

### 任务型奖赏

不考虑任何表现标准,只根据学生是否参与某项活动而获得的奖励(比如,所有上交作业的人都将得A)。

### 抽动秽语综合征

导致运动型抽动和发声型抽动的脑部慢性生理疾患。此种症状通常出现在18岁之前。

### A型人格

具有以下特征的行为表现:有实现目标的持续动力并渴望竞争。拥有A型性格的人希望不断得到外界的认可,不断进步。

### B型人格

通常被定义为不具备A型行为的表现。拥有B型人格的人通常比较放松,个性随和,有耐心,且一般比较知足。他们通常能够与自己和他人和平相处。

### 等待时间

用来描述老师提问与学生回应两者间时间间隔的术语。

### 及时性

老师监测课堂的能力以及在不当行为造成进一步影响之前给予及时更正的能力。

### 近侧发展区间

一个人的目前发展水平与未来发展水平之间的差距(例如,按理可以实现的与还不能轻易达到的——类似焦虑和无聊的中间地带)。

# 参考文献

托马斯·阿姆斯特朗：《在课堂上唤醒天才》，亚历山大市，弗吉尼亚州：监督与课程发展协会（ASCD），1998。

托马斯·阿姆斯特朗：《经营多元智慧》（第二版），亚历山大市，弗吉尼亚州：监督与课程发展协会（ASCD），2000（注：本书第三版于2009年出版）。

艾伯特·班杜拉："社会认知理论中的人类能动性"，《美国心理学家》，1989年第9期（总44期），第1175—1184页。

特里·布里登、埃米丽·伊根：《积极的课堂管理》，纳什维尔：激励出版社，1997。

布罗根："家长的角度：教育数字化的一代"，《教育领导》，2000年第2期（总58期），第57—59页。

布罗菲：《先进教学研究》，格林威治，康涅狄格州：JAI出版社，1989。

里·坎特、马琳·坎特：《里·坎特的严明纪律模式：对于当今课堂的积极行为管理》，圣塔莫尼卡，加利福尼亚州：里·坎特及其合伙人出版社，1992。（注：该书第四版由解树出版社于2010年出版。）

杰克·坎菲尔德、哈罗德·克莱夫·威尔斯：《在课堂上增强自我概念的100种途径》（第二版），波士顿：阿林和培根出版社，1994。

戴尔·卡内基：《如何停止忧虑，开始生活》（修订版），纽约：西蒙与舒斯特出版社，1984。

保罗·钱斯："学习的奖励"，《卡潘杂志》，1992年第3期（总74期），第200—207页。

凯西·切克利："前七和第八"，《教育领导》，1997年第1期（总55期），第8—13页

内拉·康纳斯：《如果你不喂老师，他们就把学生给吃了！》，纳什维尔：激励出版社，2000。（注：该书第二版由世界图书公司/激励出版社于2014年出版。）

史蒂芬·柯维：《高效能人士的七个习惯》（修订版），纽约：自由出版社，2004。

米哈里·契克森米哈：《心流：最佳体验的心理学》，纽约：哈珀出版社，1991。

理查德·科温、爱伦·门德勒：《有尊严的纪律》，亚历山大市，弗吉尼亚州：监督与课程发展协会（ASCD），1988。（注：该书第三版于2008年出版。）

切丽·德容："发挥合作学习小组的作用"，《中学日报》，1995年第4期（总26期），第45—48页

伊莫金·福特、桑德拉·舒尔：《中学合作学习指导与规划》，纳什维尔：激励出版社，1992。

伊莫金·福特、桑德拉·舒尔：《基于标准的数学图形组织者》，纳什维尔：激励出版社。1991。

伊莫金·福特、桑德拉·舒尔：《基于标准的科学图形组织者》，纳什维尔：激励出版社，1991。

伊莫金·福特、桑德拉·舒尔：《基于标准的社会研究图形组织者》，纳什维尔：激励出版社，1991。

霍华德·加德纳：《思维框架：多元智能理论》（十周年纪念版），纽约：基础图书出版公司，1993。

霍华德·加德纳："关于多元智能的思考：信息与谬误"，《卡潘杂志》，1995年第3期（总77期），第200—209页。

安东尼·格雷格克：《成年人的时尚指南》，梅德纳，马萨诸塞州：加布里埃尔体系，1982。

托马斯·哈奇："多元智能的具体化"，《教育领导》，1997年第6期（总54期），第26—29页。

珍·希利：《连接失败：计算机如何影响孩子们的思想——是好还是坏》，纽约：西蒙与舒斯特出版社，1998。

埃里克·延森：《教学要动脑》，亚历山大市，弗吉尼亚州，纽约：西景出版社，1998。

杰罗姆·卡根：《盖伦的预言：人性的气质》，纽约：西景出版社，1998。

理查德·克拉夫、诺琳·克拉夫：《中学教学：方法与资源的引导》（第三版），哥伦布市，俄亥俄州：美林出版社，1999。（注：该书第五版于2008年出版。）

阿尔菲·科恩：《超越纪律：从服从到顺从》，亚历山大市，弗吉尼亚州：监督与课程发展协会（ASCD），1996。（注：该书第二版于2006年出版。）

阿尔菲·科恩：《奖而不罚：各种奖励惹麻烦》，波士顿：米夫林出版公司，1999。

雅各布·库宁：《课堂纪律和组织管理》，马拉巴尔，佛罗里达州：

克里格出版公司，1983。

凯瑟琳·路易斯、埃里克·夏普斯、玛丽琳·沃森："关怀课堂的学术优势"，《教育领导》，1996年第2期（总54期），第16—21页。

詹姆斯·莱特尔："爱探究的管理者——开发新的领导结构，以支持改革"，《卡潘杂志》，1996年第10期（总77期），第664—670页。

亚伯拉罕·马斯洛：《动机与人格》（第三版），纽约：哈珀柯林斯出版公司，1987。

爱伦·纳吉、杰拉尔丁·纳吉：《如何提高孩子的情商：使您跟孩子都做到最好的101种途径》，巴斯特罗普，得克萨斯州：衷心出版社，1999。

佛瑞德·纽曼、海伦·马克斯、亚当·加莫伦："真正的教学：提高孩子成绩的标准"，《学校整改问题》，1995年第8期，第1—11页。

约翰·奥尼尔："论情商：与丹尼尔·戈尔曼的对话"，《教育领导》，1996年第1期（总54期），第6—11页。

帕克·帕尔默：《我们知道：教育是一种心路历程》，旧金山：哈珀旧金山出版社，1993。

珍·皮亚杰：《理解即创造》，纽约：维京出版社，1974。

威廉·柏其：《自我概念与学业成绩》，恩格尔伍德，新泽西州：普伦蒂斯·霍尔出版社，1970。

凯瑟琳·伦道夫、卡洛琳·埃夫斯顿："以学生为中心的课堂教学管理"，《教师教育》，1994年第1期（总16期），第55—63页。

理查德·沙格尔："构建学生弹性"，《教育领导》，1996年第2期（总54期），第38—43页。

黛比·西尔佛："让学生进入学习周期"，《校长杂志》，1998年第4期（总77期），第62—64页。

罗伯特·塞尔韦斯特：《神经元的庆典:教育工作者的脑科学指南》，亚历山大市，弗吉尼亚州：监督与课程发展协会（ASCD），1995。

蓝底·汤普森、多萝西·范德加哥特：《为了学习，加油！》，纳什维尔：激励出版社，2002。

卡罗尔·安·汤姆林森：《差异化课堂教学：应对所有学习者的需求》，亚历山大市，弗吉尼亚州：监督与课程发展协会（ASCD），1999。

凯茜·瓦特罗特："以学生为中心的教学：约束与自由的平衡"，《中学日报》，1995年第11期（总27期），第28—38页。

维果茨基：《社会心理:高级心理过程的发展》，剑桥：哈佛大学出版社，1978。

弗吉尼亚·理查森：《教学研究手册》（第四版），恩格尔伍德，新泽西州：美国教育研究协会，2001。

蒂莫西·威尔逊、帕特丽夏·林维尔："提高大学新生学业成绩：再访归因疗法"，《人格与社会心理学杂志》，1982年第2期（总42期），第367—376页。